だいわ文庫

就職する前に
しておきたい17のこと

本田 健

大和書房

はじめに
好きなことを仕事にしよう

あなたは、どうして就職したいと思っているのですか。

「お金を稼《かせ》ぐため」「生活していくため」と答える人もいるでしょう。「みんなが就職しているから」と本音を言ってくれる人もいるかもしれません。

この本は、就職する前にしておきたいことをテーマにしていますが、面接で好印象をもってもらうといった類《たぐい》のノウハウ本ではありません。

人生を切り開いていくための就職とは何か――仕事やお金、働くことについて考えながら、その答えを見つけてもらえるように書きました。

就職することを考えて、あなたは、いまワクワクしていますか?

それとも、牢屋《ろうや》に連れていかれる囚人《しゅうじん》のような気分でしょうか?

いずれにしても、就職に対しての考え方をちょっと変えるだけで、まったく違ったものが見えてきます。

就職活動は、あなたの奴隷《どれい》人生の始まりにもできますが、最高の人生のスタートにすることもできます。それは、あなた次第です。

「就職するのに、楽しいわけがない」と、どこかで考えていませんか?

もしも、そう感じているとしたら、それはただ単に、あなたが幸せに仕事をしている人を知らないからです。

仕事は、やり方によっては、その人だけでなく、関わる人すべてを幸せに、豊かにする不思議《ふしぎ》な力をもっています。もちろん、逆に作用すると、本人もまわりも不幸に、貧乏《びんぼう》にするわけです。

カギは、その人が「大好きなことをやっているかどうか」です。

いくら評価されても、それが本当に好きなことでなければ、その仕事を心から楽しめません。

仕事をやって、幸せになれない人は、本当にその人が好きなこと、得意なことをやっていないのです。

「でも、好きなことが仕事になるわけがない」

あなたは、そんなふうに考えていませんか？


これまでに私は50冊以上の本を書いてきましたが、最初の一冊は、小冊子『幸せな小金持ちへの8つのステップ』でした。「大好きなことをやると、人は幸せと豊かさを実現できる」ことを多くのメンターから学んだおかげで、私は、30歳で育児セミリタイアをすることができました。その知恵を分かち合いたいと思って無料で配布したのが、この小冊子です。

人から人へと伝わって、そのプレゼント配布数は100万部を超えました。

「自分の好きなことを仕事にして、うまくいくようになったのは、あの本がきっかけです」などの、うれしい報告をたくさんいただいています。

「好きなことは仕事にならない」というのは、一つの考え方です。

世の中には、大好きなことを仕事にして成功している人もたくさんいるのです。

20歳頃の私は、才能に恵まれたごく一部の人だけがそれを実現できると思っていました。しかし、たくさんの幸せな成功者と出会ううちに、どんな人にも才能があって、才能を上手に使える人がうまくいくという事実を知りました。

私が「幸せな小金持ち」と呼んでいる人たちは、具体的にいえば、年収が3千万円以上、資産1億円以上の人たちです。彼らの仕事はさまざまですが、自分の大好きなことを、自由に、自分がやりたいと思ったタイミングでしていることでは共通しています。

彼らにとって仕事は、自分のもっている才能を生かすためのものです。また、それは人を喜ばせるためのものでもあります。そして、それがライフワークになります。大好きなことが、そのまま仕事になっているわけです。

「そんなことは、お金持ちだからできるのだ」と言う人もいるかもしれません。お金があるから、好きなことができると考えるかもしれませんが、実際は逆で、「好きなことをしているから、お金が入りやすくなる」のです。

同じ仕事をしていても、そのことが楽しくてしかたがないという人と、つらくて早く辞《や》めたいという人がいたら、あなたはどちらの人から、そのサービスを受けたいですか？　前者が成功することは、簡単に想像がつくでしょう。

好きなことを仕事にしている人は、手を抜きません。アイデアも次々に生まれます。仕事をするのが何よりの喜びだからこそ、そうなってしまうのです。

好きなことをしたいと思っても、たいした才能がないという人もいるでしょう。たとえば、ミュージシャンになりたい、作家になりたいというときには、好きというだけでは、どうにもならないところがあるかもしれません。

それでも、途中でやめずに大好きなことを続けていけるかどうかが大切です。大好きなことで自分の才能を発揮《はっき》して、人を喜ばせること——それが、仕事の目的であり、本質です。

この本は、『20代にしておきたい17のこと』（大和書房刊）から始まった「17のこと」シリーズの一冊として書きました。

これまでは10代から50代までの「年代別」に書いてきましたが、これからは、本当の豊かさを得るために大切な要素や、人生の転機《てんき》をテーマに取り上げていきたいと思います。

その一冊目が、「就職」です。すでに就職が決まった人は、社会人としての生活をすばらしいものにする参考にしてください。

いま転職を考えている人にも、自分が仕事に何を求めるのか、じっくり考えるチャンスになると思います。

この本は、あなたが、両親、友人、そして、あなた自身をも驚《おどろ》かせるような行動に出るきっかけになるかもしれません。

人生には、いろいろな生き方がありますが、自分が体験していないこと、自分の常識にないことには、拒否《きょひ》反応を示すことがあります。

いまの世の中では、「分極化《ぶんきょくか》」があらゆるかたちで起きています。

コツコツ働いても生活が成り立たない人がいる一方で、まったく働いていないように見えるのに、どんどんうまくいってしまう人がいます。

同じ25歳でも、ネットカフェ難民《なんみん》のような人もいれば、億万長者になっている人もいる時代です。

こうした時代に就職するというのは、どういうことなのか。

転職するとは、どういうことなのか。

本書にちりばめられたたくさんの種をあなたにプレゼントします。私自身が20代のときに漠然《ばくぜん》と感じていた疑問に対する答えも透《す》かしで盛り込んだので、ハッとすることも多いでしょう。

本書を読み進める途中で、「どちらが正しいの⁉」と戸惑《とまど》う人も出てくるでしょう。なぜなら、何種類ものまったく違った考え方が出てくるからです。

「あなたのこれまでの短い人生で得た常識」と、本書に書かれている「幸せに生きている人の常識」はあまりに違うので、何度も驚くことでしょう。

そのどれもが、正解だと私は思います。どれも間違っていない。要《よう》は、あなたがどの世界の住人になるかです。

自由に幸せに生きる人にとっての常識は、それ以外の世界では、非常識になります。逆もそうでしょう。

この本を読み終わったときには、めざすものが変わってしまうかもしれません。その意味では、あなたの人生を劇的に変えるかもしれない、ちょっと危険な本でもあります。

けれども、人生は一回限り。普通の常識どおりに生きるだけが正しいとは限りません。理想の人生を送りたいなら、いろいろと考える必要があります。

心の準備はＯＫですか？

さあ、就職をきっかけにスタートする、すばらしい人生への新たな一歩を踏み出しましょう。

就職する前にしておきたい17のこと 目次

17 幸せについて考える

おわりに

✔	1	自由人になるか、不自由人になるかを決める
□	2	社会のしくみを知る
□	3	どの業界で生きるかを決め、専門知識を蓄積する

1 どこに就職するかではなく、どう生きるかを考える

いい大学に入って、いい仕事に就《つ》くのが、いい人生だ——学生の頃の私はそんなふうに考えていました。

拙著《せっちょ》『ユダヤ人大富豪の教え』（大和書房刊）のシリーズ第一冊目は、20歳のケンがアメリカに渡り、フロリダに住むユダヤ人大富豪のゲラーさんから、ビジネスのこと、お金のこと、人生のことを学んでいく物語ですが、これは私の実体験に基《もと》づいています。

当時の私は、自分の将来を考えるとき、「どこに就職したら、有利になるのか」で悩んでいました。それをメンターであるゲラーさんに相談すると、彼は笑って、こんなふうに答えてくれました。

「いいところに就職したいというのは、不自由人の考え方だよ。優秀な人は、そう考えがちだけど、就職して生きていく以外に、まったく違う世界があるのを君は知っているかい？」

私たちは、学校を卒業したら、就職することが当たり前だと考えています。両親の世代も、祖父母の世代も、そうしてきた人は多いでしょう。

けれども、それは一つの選択肢《し》にすぎません。あなたの家が、代々商売人だったりする場合には、就職という選択肢は、あくまで将来の独立のための修業《しゅぎょう》だと割り切っているかもしれません。

まわりが常識的に生きている人が多いのなら、「就職しないという選択肢もある」ということを知っておきましょう。かといって、就職しないで起業しなさいと言いたいのではありません。「就職するしかない」という考えを、まずは手放してみること、それが、就職する前にしておきたい、最初のことです。

どんなことでも、「これしかない」と思うと、しがみつきたくなるものです。

その一つがうまくいかないだけで、すべてがダメなように考えてしまいがちです。でも、そんなことはありません。

私たちの誰にも、あらゆる可能性があります。それを感じたうえで、就職するという選択肢を積極的に選べばいいのです。

就職するにしても、転職するにしても、将来、自由人になるつもりなのか、それとも不自由人になるつもりなのかで、仕事の選び方が全然違ってきます。

自分が好きなときに、好きな場所で、好きなことを好きなようにやる。それが「自由人の生き方」です。

一方、「不自由人の生き方」には、その自由がありません。仕事の内容や住む場所も限られます。収入も、だいたいが1千万円以下、まとまって取れる休暇も、1年のうちせいぜい2週間程度でしょう。それだって、かなりよいほうです。

自由人と不自由人とのもっとも大きな差は、時間もお金も、不自由人には限界があるのに対して、自由人にはそれがないことです。

あなたはどちらの生き方を選択しますか？

1 いつ自由人としての生活をスタートするか

就職・転職する前に、自分は将来、自由人になりたいのか、不自由人になりたいのかを決めることが大切です。それによって、就職までの動き方も違えば、就職してからの働き方も、まったく違ってくるからです。

いざ、「自由人になる」と決めても、一生のあいだの、何歳から自由人になるのかで、その動き方、働き方が変わります。

20代で自由人になることをめざすのか。30代で自由人になるのか。40代、50代から自由人になればいいのか。あなたは、どこを目標にしますか？

ケンタッキー・フライド・チキンの創業者、カーネル・サンダースが、当時の新しいビジネスモデルとしてフランチャイズを始めたのは、60歳を過ぎてからです。彼の人生はたしかにすばらしかったと思いますが、もっと早くそれを実現していたら、まったく違った人生になったことでしょう。

これまでに多くの方々にインタビューをして感じるのは、人生でいちばん楽しい時期は、おおむね20歳から60歳くらいではないかということです。

20歳以前は、まだ成長の過程《かてい》でいろんな混乱もあるでしょうし、60歳以降は心身ともに衰《おとろ》えて、自分やパートナーが病気になることもあるからです。

その意味で、30歳くらいからの30年を、自由人として生きるのか、不自由人として生きるのかでは、人生の体験が違ってきます。

子育てを例にとって考えてみましょう。

30代で子育てをするというとき、子どもと一緒にいたいと思っても、たいていの不自由人は、仕事で忙しくしています。朝早くから夜遅くまで会社に縛《しば》られて、子どもの顔を見られるのは寝顔だけということも、決してめずらしいことではありません。

そういう30代には、子どもと好きなだけ一緒にいたり、家族で世界中の好きなところを旅行する自由がないのです。私は、30歳からの4年間、育児セミリタイアをしたおかげで、娘が初めて歩く、話す過程を間近で見ることができました。山の中にある幼稚園で、泥だらけになって一緒に走りまわったのは、これまでの人生でいちばん楽しい思い出になっています。

人生80年、90年の時代、焦《あせ》る必要はありません。若い頃の数年、遠まわりしてもいいのではないかと、私は思います。

自由になるというのは、時間に限ったことではありません。経済的自由を得ることも同じように大切な要素です。

自分が一日にいくら使うのかということも、不自由人は決められません。なぜかというと予算が限られているからです。自由人には予算がありません。彼らは、自分の好きなことにお金を使ってもいい自由を、手に入れています。

これからの人生で、自由人になるのかならないのか。自由人になるとしたら、いつなるのか。これを就職、転職する前に考えておきましょう。

1 幸せな人生を先延《さきの》ばしにしない

ふだん「このままでは嫌だ」と思っていても、なかなか変えられないでいる人は多いでしょう。

たとえば、もともとは、ものづくりの道に進みたかったのに、いまは営業の仕事をしているという人がいます。

「営業の仕事なんかしたくない」と思っても、部署の異動《いどう》はありそうもない。いっそ転職しようかと考えても、せっかく入社できた会社を辞めてしまうのは、惜《お》しいように思う。次にいい転職先が見つかる保証はないからです。

だったら、「このままでいいか」と思って、不自由で、つまらない生き方を続けてしまうのです。

世の中は、全体的に不景気です。転職しようと思っても、よほどの実績や才能がなければ、いい条件の就職先は、なかなか見つからないかもしれません。

経験もない新しい仕事に就きたいなんて、不利を通り越して、無謀《むぼう》だという人もいるでしょう。だからといって、このままでよいのでしょうか。

あなたの中からわき上がってくる声は、何と言っているでしょうか？

頭の中で、「なんとなく有利だから」とか「それは不利だ」とかで考えていたら、いまからの時代は、迷っているあいだに流されてしまいます。

それだけ変化が激しいということです。

この厳しく激しい時代を乗り越えるには、自分の直感を信じて決断し、行動していくことが大切です。

自分を幸せにするのは、誰でもないあなた自身です。

すべては、自分には何が必要かを感じ、次へのステップを考え、そして果敢《かかん》に行動することから始まります。

1 自分の行き先は自分で決める

不自由人として生きている人と接して感じるのは、「自分の人生にもかかわらず、自分で責任を取っていない」ということです。

運転にたとえると、どの道を通るか、どれくらいのスピードで行くのか、途中で休憩《きゅうけい》するかどうかを、他人まかせにしています。

自分では運転席に座らず、助手席か後部座席に座って、文句を言っています。

あるいは、本当は違う目的地に行きたいのに、そのことを言えずに、黙っている人もいます。「どうして自分の人生はうまくいかないのか」「いつも誰かに邪魔《じゃま》ばかりされている」などと不満を感じるのは、あなたが自分の人生の運転席に座っていないからです。

あなたの人生の運転席には、誰が座っているのでしょうか？

それは父親かもしれません。母親や恋人かもしれません。大学の指導教授、会社の上司である可能性もあります。進みたい道があっても、運転席にいる人が、それを許してくれないことはよくあります。

なかには、運転席に誰も座っていないこともあります。誰も運転していないので、当たり前ですが、車はいつになっても動き出しません。

傍《はた》から見たら、それがどんなに滑稽《こっけい》かわかるでしょう。

自分の人生です。誰かが動かしてくれるのを待っている場合ではありません。どこに行きたいのか、どの道を通るのかは、自分で決めなければなりません。もし、あなたがぼんやりして、何も決めなければ、ほかの誰かが決めた方向へ連れていかれることになります。

私が大学3年の、まさに就職を考えていたときに、メンターの一人が、就職はバスに乗るようなものだという話をしてくれました。

たいていの人は、みんなが列をつくってバスに乗り込む姿を目にすると、自分だけが取り残されてはいけないと焦ります。バスが発車しようとすると、乗り遅れないように、慌《あわ》てて飛び乗るのです。ときには、行き先も確認せずに乗って、あとから「しまった」と思うこともあるでしょう。

「とりあえず乗ってしまった」バスですが、一度乗ってしまうと、なかなか降りられないのが、「会社バス」の怖いところです。

会社バスの中は、快適とはいえないまでも、雨風はしのげるし、それに、ほかにも乗客がいます。その人たちが暗かったり、あまり好きな人たちではなかったとしても、一人になるよりは、まだマシだと考えます。

バスを降りて、自分一人で旅を続けるのは、心細いものです。

バスを降りれば、自分で道を選ぶ自由は手に入りますが、すべての責任を取らなければいけなくなります。みんな、この責任を取るのが怖いのです。

自由人で生きるか、不自由人として生きるかは、自分が人生の運転席に座れるかどうかにかかっています。

□	☑	□	□	□
1	**2**	3	4	5
自由人になるか、不自由人になるかを決める	**社会のしくみを知る**	どの業界で生きるかを決め、専門知識を蓄積する	一流、二流、三流のどこに行くかを決める	

2 誰が社会を動かしているのか

就職や転職をするときに、社会のしくみを知っておくことは大切です。

私たちは、「頑張れば報《むく》われる」と長く教えられてきましたが、それが幻想《げんそう》だということは、中学生でもわかります。

死ぬほど努力しても、社会のしくみを知らなければ、まったく報われないこともあるのです。

世界的ベストセラー『金持ち父さん　貧乏父さん』（筑摩書房刊）の著者、ロバート・キヨサキさんの分類によれば、世の中には、「従業員」「自営業」「ビジネスオーナー」「投資家」という4種類の人たちがいます。

「従業員」として働く人は、自分の労働力を提供《ていきょう》する代わりに、月末に安定した給料をもらって生活しています。

「自営業」の人たちは、自分で報酬《ほうしゅう》を自由に設定することができます。けれども、お客さんに提供したサービスの分だけしか、お金は入ってきません。したがって、たとえ寝ないで働いたとしても、収入がゼロになることもあります。

得たはずの収入が、月末に必ず振り込まれるという確約もありません。取引先が倒産して、約束のお金が入金されないこともあります。従業員の人たちのように、定期的に入金されるとは限らない、というのが自営業です。

逆に、うまくやれば月に1千万円を稼ぐことも可能で、その人の才覚《さいかく》次第で収入が決まるという生き方です。だから、安定は望めなくなります。

「ビジネスオーナー」は、オーナーである自分の会社が儲《もう》からなければ、お金がもらえません。社長業は、利益が出れば大きな収入を得られる代わりに、リスクも大きいのです。

「投資家」は、そういうビジネスオーナーたちの会社に投資するわけですが、その会社が利益を上げられなければ、1銭ももらえません。20年間、まったくお金がもらえないということもあるわけです。

このように、働き方にも違いがあることを小中学校でも教えるようにしたらいいと思っています。ほとんどの人が、社会のしくみを知らずに、大半が不自由人の生き方をしている現状を変えられるかもしれません。

将来、会社で働こうとする人は、組織に属《ぞく》するメリット、デメリットも考えておきましょう。大きな組織でないとできない仕事もたくさんあるからです。

誰がこの社会を動かしているのか。得しているのは誰か、損《そん》をしているのは誰か、楽をしているのは誰か、苦労しているのは誰かを考えてみましょう。

そして、誰がどのように動くと、世の中がどうなるのかということにも、目を向けることです。これは政治もそうですし、経済もそうです。

そのメカニズムがわかっていないと、どの業界に行きたいのか、どういうふうにお金を稼ぎたいのかということもわからず、結局は報われない人生を選択してしまうのです。

2 お金を引き寄せられる人になるには？

成功している人たちとそうでない人の違いは、世の中にどれだけのものを提供できたかで決まってきます。

仕事内容と同様、どの立場で仕事をするのかも大切です。

たとえば年収1億円を稼ぎたい人が、公務員になったとしたらどうでしょう。その人の目標が達成できる可能性は、ゼロといっていいでしょう。なぜなら、公務員の給与システムが、そうなっていないからです。

1億円を稼ぎたいと思ったら、それだけの収入を稼げる可能性のある職業に就かなければなりません。あるいは、将来、高収入を稼ぐためのスキルを身につけられる職場を選ばなければいけません。

就職や転職を考えるとき、現在の金銭面の待遇《たいぐう》だけでなく、自分がどんな業種に就きたいかも考えておきましょう。

世の中には、儲けやすい業種もあれば、儲けにくい業種もあります。いまは花形の業種でも、20年たって時代が変われば、業種自体が跡形《あとかた》もなく消えていることはよくあります。

いまは、倒産するはずのない企業が倒産し、破綻《はたん》するはずのない国家が破綻するような時代です。自分の属する会社や業界が10年単位で、どうなっていくのかを研究しておきましょう。

また、就職や転職で失敗しないためには、お金を自然に引き寄せることができる人と、そうでない人は何が違うのかについても考えておくことです。

どんなに不景気になっても、不思議とお金には困らない人たちがいます。一方で、不景気の波にのまれて、どんどん落ちていく人もいます。

両者の大きな違いは、セルフ・イメージの高さです。

お金に恵まれる人は、たとえ一時、お金を失うようなことになっても、いつのまにか（それも短期間で）復活しているのですが、彼らは、「自分には幸せで豊かな人生がふさわしい」と信じて疑いません。そして、思ったとおりに、豊かな人生がついてまわるのです。

セルフ・イメージが低い人は、「どうせ自分はこの程度だ」という具合に、自分の価値を低くして、金運にも恵まれない生活を送っています。

「思考は現実化する」といわれますが、人は自分が思っている以上のものを手に入れることはできないのです。成功するもしないも、要は自分の可能性をどれだけ信じられるかです。

セルフ・イメージが、すべてを決めます。自分にはどういう人生がふさわしいと感じているのか、定期的にチェックするといいでしょう。

就職したら、このセルフ・イメージは、会社に強制的に書き換えられる可能性があります。気がついたら、会社が油性ペンであなたのセルフ・イメージを修正していたということもよくあるので、注意しておきましょう。

2 就職したい会社の将来性を考える

就職したい会社を絞《しぼ》り込んでいくときに、その判断基準となるポイントは、業種やその会社のイメージ、規模の大きさ、給与の額、歴史の有無など、人によってさまざまでしょう。

会社というのは、実際に中を見てみなければわからないというところがあります。私は、いままで多くの経営者と出会い、それぞれの会社に招《まね》いていただく機会もありましたが、そのことを実感してきました。

外からは伸びている会社に見えても、中に入れば、社員がみんな疲れ切っていたり、人間関係が複雑だったりということがあります。

逆に、小さな会社でも、経営的には安定していて、みんなが意欲的に働いているという会社もあります。

その会社の実情を知るには、どうすればいいのか。まずは、その会社が何の会社であるのかを知ることです。社長はどんな人か、関連会社はどこか。どんな製品（サービス）を扱《あつか》っているか。いまならインターネットで、いくらでも情報を集めることができます。

自分がこれから働くかもしれない場所だと考えれば、それくらいの情報収集は当然のことでしょう。けれども、案外、募集の案内だけを見て、エントリーシートや履歴書《りれきしょ》を送ってしまう人は多いようです。

就職したい会社の将来も、あなたなりに見極《みきわ》めることが大事です。

あなたが就職する時点では、利益を上げていても、これからの10年はどうなるでしょうか。いまは変化のときです。あなたの入りたい会社は、そうした変化に対応していくことができそうでしょうか。

お金は、人の関心が集まる場所に流れていきます。そして、その周辺にいる業種や企業は売上を拡大することができます。

これから、時代はどのように流れていくのか。そのときに必要なものは何か、不要になるものは何か。不要になるものを扱っている業種や企業の将来性は、明るくないかもしれません。もちろん、その中でも生き残る道はありますが、そのためには、時代の流れを自分なりに勉強しておくことです。

会社の現状だけを見て、「なんとなく、この会社は給料がいいらしい」「この会社ならつぶれないだろう」と思って就職や転職を決めるのは、行き先もわからずに、バスに乗り込もうとするようなものです。

採用する側の立場から考えても、そんな人は歓迎されません。あとで、「こんなはずじゃなかった」と言うのが目に見えているからです。結果、たとえ就職できてもうまくいかず、転職を繰《く》り返すことにもなりかねません。

自分のやりたいことと、身につけられそうなスキル、将来性をよく考えて、自分の就職先を選んでください。

5	4	3	2	1
□	□	✓	□	□
自分の天才性を意識する	一流、二流、三流のどこに行くかを決める	**どの業界で生きるかを決め、専門知識を蓄積《ちくせき》する**	社会のしくみを知る	自由人になるか、不自由人になるかを決める

3

その業界から一生離れないと覚悟《かくご》できるか？

就職している人に、「どうして、この業界を選んだのですか」と聞くと、「なんとなく」と答える人が少なくありません。

「なんとなく就職してしまった」

「なんとなく不動産業界に入った」

「なんとなくマスコミだった」

そして一様《いちよう》に、「一生、ここにいるつもりはないのですけど」という言葉が続いたりしますが、それは、「もっといい就職口があったら、いつでも変わります」という意味でしょうか。あえて厳しくいうならば、スタート時点でそんなふうに思っていたとしたら、今後ビジネスで成功することは難しいでしょう。

就職するときに大切なことは、「一生、この業界から離れない」というぐらいの覚悟をもち、真剣に関わると決めることです。

「5年後には、ここのレベルまで行くぞ」という目標を立てて、徹底的に専門知識を吸収できるかどうか。それが、あなたの「ビジネス人生」の土台をつくります。それくらいの気持ちをもてないのなら、パッと頭を切り換えて、どこかほかの業界に行くべきでしょう。

もちろん、ある業界でとことんやったあと、ほかの業界に移ることはよくあることです。でも、いい加減に仕事をやっている人は、次の職場に移っても、やはり、たいした働きはできないものです。

「本当はここにいたくない」とぼんやり考えながらも、そこに留《とど》まるのが、不自由人の生き方です。「行きたい場所がない」という人もいるかもしれませんが、それでは、いつまでたっても、他人まかせの人生になります。

どこに行きたいのか。その答えを出せるのは、あなたしかいません。

3 これからの時代は、専門の知識をもっている人が強い

「この会社でやりたいことは何ですか」というのは、面接でよく聞かれる質問の一つだそうです。

この質問に、あなたは何と答えますか？

「何でもやります」と言って、自分のやる気を見せる人がいますが、「何でもやる」というのは、「特にできることがない」というふうに判断されることがあります。

これからは、「専門知識」が必要とされていきます。

どれだけの専門性（特別な才能）をもっているかが、その人の価値を高めるというのは、アーティストやクリエイターを考えると納得できるでしょう。

それに対して、サラリーマンやＯＬには、そうした専門性は求められないと思っている人が多いかもしれませんが、そんなことはありません。

どんな業界にいても、何も知らない新人よりも、経験も知識も豊富な人のほうが重用《ちょうよう》されるのは当然のことです。

たとえば、あなたが病気になって手術を受けるというとき、担当医に「今回が初めての手術なのです」と言われたら、どうでしょうか。

「いままで手術の経験はありませんが、とにかく気合いで頑張ります」と言う医師に、「では、よろしくお願いします」とは言いにくいですよね。

レストランに行ったときには、どうでしょう？　家を建てるというときには、どうでしょう？　同じ値段なら、できるだけ腕のいい、経験のある人に仕事を頼みたいと思うものです。

とは言うものの、どんなに優秀な外科医にも、最初の手術というのはあるものです。初めからベテランの人はいません。だからこそ、どの分野でもいいので、知識と技術を早い段階で身につけて、初心者を卒業する必要があります。

ビジネスの世界で生きていく人は、どんな業界でも、どんな仕事に就いていても、プロにならなければ、これからは雇《やと》われつづけるのは難しいでしょう。

いまの職場の大半は、ほとんど問題意識がなく、なんとかなると油断《ゆだん》している人たちによって占《し》められています。彼らが慌てるのは、自分がリストラされるときと、パートナーに離婚届をつきつけられるときぐらいで、それ以外は、たいていボーッとしています。

自分の仕事にプロ意識をもって、その仕事に必要な知識のすべてを身につけようとする人は、どんどん伸びていく人です。

あなたが選んだ業界に骨をうずめる覚悟で、その仕事に取り組めば、必ず、その姿を見ている人がいます。

たとえ上司や、いまの会社に認められなかったとしても、そこで身につけた知識と経験が、次のステージへと、あなたを導《みちび》いてくれるでしょう。

3 「就職」に何を求めるか

骨をうずめる覚悟で仕事をしようと言われても、そもそも、どの業界に行ったらいいのかで悩んでいる人は多いでしょう。

どの業界に進むかを考えるとき、あなたが何に向いているのか、また、あなたが仕事に何を求めるかで、取るべき道はずいぶんと違ってきます。

たとえば、社会的地位の高い職業に就きたいのか、高収入の職業に就きたいのか。それとも、やりがいがあったり、喜ばれる仕事がいいのでしょうか。

ここで確認しておきたいのは、その職業の社会的地位、収入、まわりの目は、時代によって大きく変わるものだということです。

たとえば、昭和初期の頃には、新聞記者という職業は、どちらかといえばアウトロー的なイメージだったかもしれません。

しかし、平成の世の中になって、マスコミ関係は、就活《しゅうかつ》する学生にもっとも尊敬《そんけい》され、あこがれる職業の一つになりました。

料理人、保険のセールスというような職業も、つい20年ほど前までは、低く見られていた時代がありましたが、いまでは社会的地位は大幅に上がっています。トップランクの人は、テレビに出たり本を書いたりして、年収が数千万円という人もいて、あこがれる人も多いのではないでしょうか。

講演会の質問コーナーで、「ネットワークビジネスの道に進みたいと思っているのですが、家族から反対されている」という人がいました。

私のまわりには、ネットワークビジネスで幸せに成功している人もいますが、一般的には、誤解《ごかい》を受けやすい仕事のようです。

それが、たとえ合法的なものでも、多くの人から尊敬される職業かといえば、現時点では、そうはなっていないことを知っておきましょう。

ネットワークビジネスでは、普通に就職したら、あり得ないというくらいの高収入を得られることがあります。就職、転職を考えるときに、年収の高さは大切なチェックポイントですが、その収入が安定しているかどうかということも考えなくてはなりません。ちなみに、ネットワークビジネスで失敗する人は、「人脈の買い取り型セールス」をしてしまう人です。

自分の知り合いに片端から連絡して、最初の3カ月は、高収入を得られるかもしれません。でもそれは、自分の小学校、中学校の頃からの人脈を、現金に換えてしまうようなものです。友人たちは一度はつき合ってくれても、もしもそれっきりつき合いがなくなったとしたら、3カ月で得た数百万円のために犠《ぎ》牲《せい》にしたものは、10年分の信用かもしれません。

物事には必ず、プラスとマイナスがあって、短期間で稼げるということは、それだけの代償《だいしょう》を払わなければならない可能性もあるわけです。

将来、ネットワークビジネスは、新聞記者と同じように、尊敬される職業になるかもしれません。そのプラス、マイナスを冷静に見て、自分がやりたいかどうかを考えることです。

あなたが選択してきたことが、あなたの経歴《けいれき》になります。たとえ履歴書に書かなくても、あなたに一生ついてまわり、それによって、得することもあれば、損をすることもあります。

自分が何かをしたいと思うとき、この道に進みたいというときに、誰かに、いいか悪いかを聞いても意味がありません。

私は、セッションなどで相談を受ける場合でも、「どちらがおすすめですか」とか「どちらが有利でしょうか」という質問には、笑って、「どっちも、ありですよ」と言うことにしています。どちらかを選ぶのは、本人にしかできないことだからです。

その仕事を選ぶかどうかを考えるときは、いいか悪いかではなく、自分がそれを本当にやりたいかどうかが大切なのです。

職業は、一生に関わる問題です。その選択次第では、あなただけでなく、あなたの子どもにも影響を与えることなので、慎重《しんちょう》に考えて選択してください。

3 やりたいことが見つかったら入口にはこだわらず、とにかく進む

自分のやりたいことが見つかったといっても、行動に移せるかというと、なかなかそこまでできないのが、普通ではないでしょうか。

本を書きたい、という人は多いようですが、どんな本かと聞くと、「ビジネス書」というような答えが返ってきます。

ビジネス書といっても、さまざまなジャンルに分かれています。「ビジネス書」というだけでは、あまりにも広すぎるのです。結局は、ぼんやりと考えるだけで、実際には、なかなか筆が進まないということが起きてきます。

就職を考えるときも、これと同じことがいえます。

たとえば、介護の仕事に就きたいと思っても、仕事をする場が病院なのか、

老人ホームなのか、個人宅なのかで違ってきます。

けれど、方向性がはっきりできないのなら、それはそれでいいのです。乱暴《らんぼう》な言い方に聞こえるかもしれませんが、はっきりしていないなら、最初のスタートは、案外どこでもいいのではないでしょうか。


私は、どんなことも、入口より、出口が大事だと思っています。

介護の仕事に就きたいのであれば、最初は、老人ホームでも病院でも、どこでもいい。その代わり、入った場所ではベストを尽《つ》くすことです。そこで学べるものは、すべて学んでいけばいいのです。それが、大切な財産になります。

教科書だけでは知り得ない、知識と経験を身につけることになります。その後、職場の元先輩に誘われて、次の場所にヘッドハンドされていって、チャンスをつかんだりできるのです。

本来自分がいるべきところに、そのうちに行くのだというふうに決めてさえいたら、どこの入口から入ってもいいのです。

7	6	5	4 ✔	3	2	1
	仕事がもたらす5つの喜びを知る	自分の天才性を意識する	一流、二流、三流のどこに行くかを決める	どの業界で生きるかを決め、専門知識を蓄積する	社会のしくみを知る	自由人になるか、不自由人になるかを決める

4 同じ仕事でも一流と三流があることを知る

どの世界にも一流といわれる人たちがいます。二流、三流の人たちもいます。あなたは、これから働きたいと思う世界で、どの位置をめざしますか？

どの世界でも、一流になると、トップクラスの収入を得ることができます。年収3千万円以上の報酬を得るのは、一流の世界に属する人たちだけです。これは、クリーニング店を経営しても、料理人になっても、弁護士や医師、アナウンサー、俳優《はいゆう》など、どの業界でも同じだといっていいでしょう。

社会のしくみでいえば、トップ5パーセントくらいの人が、たくさんのものを得ることになります。お金だけでなく、人や仕事、チャンスにも恵まれるので、彼らは、ずっと上位5パーセントの中に居《い》つづけられるともいえます。

一流になるためには、一流になるための法則があります。

二流になるには、それなりの理由があります。

三流の世界は、たいして何もしなかった結果として、行き着く場所です。

普通の仕事をしているだけの人は三流。その中で頑張る人は二流にまではなれます。でも、いくら頑張っても、それだけでは一流の仲間入りはできません。

どうすれば一流の仲間に入れるのか？

一流になるためには、ある一定期間、一流のものや人に囲《かこ》まれて、その雰囲《ふんい》気《き》を身にまとわなければならないのです。

若い頃から一流の人のそばにいる人は、一流の世界を肌で知っています。彼らのものの見方、考え方、仕事のやり方を知らないうちに吸収しているのです。

一流の人たちがつき合う人たちは、やはり一流なのです。

同じ仕事をしていても、一流、二流、三流に分かれていきます。あなたが積極的に努力して、行動しなければ、自動的に三流クラブの会員になります。

4

一流の人から学ぶと一流になれる

ビジネス、教育、政治、アート、スポーツなど、どの世界でも一流の人はみんな、自分が選んだ分野で、イキイキと仕事をしています。

好きなことを仕事にしているので、ときにはうまくいかないことが起きたとしても、前向きに、それに取り組んで、そのことを成長の糧《かて》とします。

もちろん一流の人でも、悩むことはあります。好きなことは、ただ楽なこととは違うのです。どんなに好きなことをやっていても、乗り越えがたい壁が道に立ちはだかることはあります。そう、イチロー選手だって、スランプに陥《おちい》ることもあるのです。それは、自分自身に与えたハードルが高いからです。

私は20歳の頃から、多くのメンターに出会い、人生やビジネスの大切なことを学ぶ機会を得ました。メンターについては、あとの章でお話ししたいと思いますが、誰から学ぶかによって大きな差が出ることを実感しています。

一流の人から学ぶと一流になれるし、二流の人から学ぶと二流になる。三流の人から学べば、三流で終わるしかなくなってしまうのです。

たとえば、「あなたにとって仕事とは何か」ということを聞いたら、一流、二流、三流の人では、それぞれ違う答えが返ってきます。

一流の人は、「仕事は、人生に喜びと刺激をもたらしてくれる最高のエンターテイメントだ」と答えるでしょう。

二流の人は、「つらいこともあるけれど、頑張れば結果が出てくる。そうなると楽しくなる」と言うかもしれません。

三流の人は、「つらくても我慢《がまん》しなければならない。仕事は修行《しゅぎょう》のようなものだ」と答えるのではないでしょうか。仕事はつらくて我慢を強《し》いられるものだと考えたら、一流になるどころか続けていくのもキツいと思いませんか？

4

一流、二流、三流では、すべてが違う

私が20代で見たのは、たとえば、同じ会社員、弁護士、自営業でも、一流、二流、三流では、まったく世界が違うということです。

一流の道に進むと、大変なこともある代わりに、いいこともあります。使い切れないほどの収入に恵まれ、自分の望む場所に家や別荘、オフィスやアトリエをもてます。業界でも有名になり、移動は、運転手つきの高級車、飛行機はファーストクラス、最高級のホテルに泊まったり、高級レストランで食事したりすることになります。友人もそれぞれの分野で活躍《かつやく》している人たちなので、刺激をいっぱいもらえます。その代わり、自分の才能を開花させるために、ギリギリのところで自分と向き合う必要があります。

二流の世界には、頑張った分だけの報酬があります。仕事の安定とまわりからの尊敬、収入がそこにはあります。会社勤《づと》めだと、ある程度仕事ができる人として評価され、ボーナスも同期ではいちばん多くもらえるでしょう。しかし、会社やクライアントの都合で縛られるなど、できることに限界があります。生活に豊かさを感じられる収入もあるし、外国車を買ったり、年に一、二度は、エコノミーですが、海外旅行を楽しんだりする余裕《よゆう》があるはずです。

三流の世界には、退屈感《たいくつかん》と恐れとイライラが満《み》ちています。毎日が単調だったり、誰でもできる仕事を押しつけられて、先が見えなかったりします。いつ職場の配置転換があるかわからなかったり、場合によっては、辞めさせられるリスクもあります。頑張っても結果が出ないし、未来が明るいなんて感じられません。儲かっている会社に属した場合は、ボーナスも出ますが、そうでないと、生活していくだけで貯金もままならない状態が続きます。仕事中何度も時計を見て、時間が過ぎる速度の遅さにため息をつく毎日になります。

あなたは、この３つのうち、どの世界に行きたいでしょうか？

4

一流をめざすには、最低1万時間がいる

ライフワークという考え方があります。ライフワークという言葉は、一般的にもよく使いますが、その人の一生の仕事という意味です。

一流の人は、間違いなく、自分のライフワークをやっています。世界中でその人しかできない仕事、それがライフワークです。ライフワークを見つけられた人は、幸せです。なぜなら、その時点から、仕事が労働ではなくなるからです。それをやっているだけで、静かな幸せ感を得ることができます。

このライフワークに何歳で出合えるかで、人生は違ったものになるでしょう。必ずしも早く出合えたからといっていいわけではありませんが、70歳でライフワークと出合っても、それを楽しむ時間があまり残されていないのでは、

ちょっと寂《さび》しい感じもします。

ライフワーク適齢期《てきれいき》というものはありませんが、私がインタビューしてまわった経験からいうと、だいたいが25歳から35歳ぐらいの10年のあいだに、自分のライフワークと出合っています。

それぐらいの年齢で出合えると、その後、事業に進みやすいのでしょう。

ライフワークに出合ってから、数年から、場合によっては、10年の修業期間が必要です。一流の会社や人につくことによって、トップクラスの仕事に必要なスキルを身につける時間が必ずいるからです。

私は、ある分野でプロになるには、最低5千時間が必要だと考えています。さらに、一流になるには、最低でも1万時間費《つい》やすことが必須《ひっす》です。

そのあいだに、スキル、クライアントとの応対、値段のつけ方、マーケティング、ブランド管理、発信のしかたなどを身につけて、一流の人だけがもつ、目線の高さ、情熱、細部へのこだわりなどを吸収していけばいいのです。

4 ジャパニーズ・ノマド（遊牧民）という生き方もある

就職を考えるとき、どうしても、いまのあなたは自動的に、何が有利か、不利かで考えてしまいがちだと思います。それは、目の前の選択肢から、一つ選べと言われて、やむなく一つを選ぼうとしているからです。

そうやって、就職した人たちも、数年後には、自分の仕事に違《い》和《わ》感《かん》を覚えて、大企業を辞めて、ノマド（遊牧民）的な生き方を始めたりします。

また、高収入とは無縁のＮＰＯや財団関係の仕事をスタートする人もいます。私のまわりにも、そういう新しい生き方をする人が増えてきましたが、これからの時代は、本当に自分が満足する仕事をやる人が、幸せを見出せるのではないかと思います。いま、就活の波にのみ込まれて、本当は、銀行でも、商社でも、マスコミでも、製造業でもないんだけどなぁと感じている人は、別の選択肢もあるということを、どこかで意識しておくといいと思います。

これからは一定の仕事をもたず、自分の気分の赴《おもむ》くままに旅行したり、旅先から発信して生活する「ジャパニーズ・ノマド」も出てくると感じています。

たとえば月に千円を出してくれるファンやサポーターが３００人いれば、あなたの月収は大企業の初任給《しょにんきゅう》よりも上になるのです。大企業で一生懸命《いっしょうけんめい》働いて稼ぐ30万と、自分のワクワクすることを発信しつづけることで得られる30万。どちらも同じ30万です。

いまは、飢餓《きが》をなくす、虐待《ぎゃくたい》をなくす、環境問題に取り組むなど、ＮＰＯ的な仕事も増えています。先日、ノーベル平和賞を受賞したユヌス博士とお会いする機会を得ましたが、千人近い若者が彼の講演を聴きにきたことからも、関心の高さがわかります。

就職ではなく、本当にやりたいことをいまやる、という選択肢もあるのです。

- □ 2 社会のしくみを知る
- □ 3 どの業界で生きるかを決め、専門知識を蓄積する
- □ 4 一流、二流、三流のどこに行くかを決める
- ☑ **5 自分の天才性を意識する**
- □ 6 仕事がもたらす5つの喜びを知る
- □ 7 人生を大きく変えてくれる「メンター」を探す
- □ 8

5 頑張らなくてもできることに目を向ける

この章では「自分の天才性を意識する」ことについてお話ししますが、「自分には天才的といえるような部分は何もない」と思う人は、少なくないかもしれません。

「学校の成績は悪くなかったけれど、かといって、数学の天才かといえば、そんなことはない」

「スポーツは得意だったけれど、特別に抜きん出た記録もないし、優勝した経験もない」

たいていの人が、「自分は平凡《へいぼん》だ」と思い、そのために自信がもてず、最高の人生を生きるのをあきらめているといってもいいでしょう。

どんな人にも才能があると私は思っていますが、それに気づいている人は、あまり多くありません。

たとえば、「初対面の人とでも、気楽に話せること」は、本人にとっては簡単なことなので、「才能」という大げさなものではないと思い込んでいます。

でも、考えてみれば、誰もが初対面の人とすぐに打ち解けて話ができるわけではありません。それができるのは、やはり「才能」なのです。

そうした自分の才能に気づくことが、人生を切り開いていくカギになります。

もちろん、それだけで食べていけるわけではありませんが、才能をいくつか掛け合わせることによって、あなた独自の世界を築《きず》けるようになります。

自分の中で、頑張らなくても、自然とできることに目を向けましょう。

先日、オリンピックの水泳選手と話をする機会があったのですが、その人は毎朝、２〜３キロは必ず泳ぐのだそうです。練習のためというより、それをしないと、なんとなく体調が悪くなると言っていました。それほどまでに好きなことであり、得意なことだから、その世界で成功できるのでしょう。

人見知りをする人が、飛び込み営業の仕事に就いたら、どうなるでしょう。自分の力を発揮する前に、ストレスで病気になってしまうかもしれません。

逆にいえば、自分の才能に気づいて、それを生かせる仕事に就けたら、それこそ、人生は楽しい方向へと変わっていくでしょう。

一日に十何時間やっていても苦にならないことを仕事にしなければ、いつまでたっても、「頑張って」仕事をしていかなければなりません。

頑張るには力がいります。それは、無理しているともいえます。

自然にできることを仕事にできれば、それだけでストレスのない人生を生きることができます。それが、本当にワクワクするようなことで、楽しいことなら、あなたは、その分野で知られるような存在になる可能性もあります。

頑張らないというのは、怠惰《たいだ》になるということではありません。ほかの人には苦痛に思えるようなことでも、本人にとっては、全然気にならないという意味です。そんなことを見つけられたら、そこが充実した人生の入口です。

5 自分にはどんな才能があるか

自分の天才性に気づけと言われても、これから社会に出るという人の場合には、自分がどんなことに向いているのか、よくわからないというのが本音でしょう。実際、まだ「才能」というほどには、磨《みが》かれていないということもあります。

私は、人の本質的な才能を、その人の特性として、次の10種類に分類しています。

［1］アーティスト

自分の内《うち》なるイメージを自分独自《どくじ》の方法で、自由に表現できる。

［2］クリエイター

オリジナルなアイデアにあふれ、新しいコンセプトや企画を生み出す。

［3］問題を解決する人

情報収集、情報処理に優《すぐ》れ、どんな場合にも的確な判断を下せる。

［4］リーダー

いま何をすべきかを判断して、率先《そっせん》して行動に移すことができる。

［5］チャレンジャー

新しい可能性や未知《みち》の領域を冒険《ぼうけん》、開拓《かいたく》していくタイプ。

［6］サポーター（縁《えん》の下の力持ち）

献身的《けんしんてき》で、細やかなところに目が行き届く。人のサポートが大好き。

［7］オーガナイザー（まとめ役）

物事を正確に処理し、人やプロジェクトをまとめ上げるのが得意。

［8］ものをつくる人

現実的、実際的でものをつくるのが上手。具体的に体を動かすのが得意。

［9］コミュニケーター

自分の伝えたいことを的確に言葉にして伝える能力に長《た》けている。

［10］世話をする人（癒《いや》す人）

誠実で献身的。一対一で深く人と関わり、相手を元気にするのが好き。

あなたは、どれにピンと来ましたか？　拙著『大好きなことをしてお金持ちになる――あなたの才能をお金に変える6つのステップ』（フォレスト出版刊）では、自分にどの才能があるかを確認できる「あなたの特性自己診断チェックシート」を掲載《けいさい》しています。よかったら、手に取って、自分の才能を調べてみてください。誰にでも必ず、複数の才能の原型《げんけい》があります。

まずは、自分の才能の原型は何かを知るということが非常に大事です。

自分の中には、アーティストとしての才能があるのか、クリエイターの才能があるのか、ものをつくる人の才能があるのか、問題を解決する人の才能があるのか……自分の才能の原型が何かを考えてみましょう。

5

才能の掛け算が あなたの将来の市場《しじょう》価値を決める

才能の原型は、たいていの場合は複数あります。

たとえば、「アーティスト」と「クリエイター」の能力が高かったとします。

これを生かせるかどうかは、才能をどう掛け算するかにかかっています。

たとえば、「アーティスト」の才能が「1・0」で、「クリエイター」の才能が「1・2」あったとします。両方を掛ければ「1・2」の才能を発揮できますが、もしも「アーティスト」の才能が「0・9」だった場合には、両方を掛けたら「1・08」で、「クリエイター」の「1・2」の才能は目減《めべ》りしてしまうわけです。

ここに「リーダー」としての才能「0・9」をさらに掛けたら「0・97

2」です。

このように、「0・9」の才能を掛け合わせていけば、もとは高い数字を示していた才能も、どんどん小さくなってしまいます。

この掛け算があなたの将来の市場価値というのを決めます。

ほかの才能はそこそこでも、一つだけ「0・3」があったら、すべて台無《だいな》しになってしまうのです。

たとえば、アーティストとクリエイターの能力が高くても、時間にルーズで、いつも打ち合わせに遅れてくるようでは、最後のところで0点になってしまうこともあるわけです。

自分の中に、「1」以上の才能がどれだけあるのか。「1」以下の才能は何か。このことを知っておきましょう。

才能は一生かけてブラッシュアップさせていくものですが、その中で「これだけは絶対に負けない」というものをもっておくと自信ができてきます。その自信をもてることが、就職するうえでは、とても大事なことなのです。

5

向いていない場所で努力しても才能は発揮できない

就職や転職を考えるとき、その仕事が自分の才能を生かすものかどうかを基準にしてください。

どんな仕事に就いても、最初から、すべてがうまくいくということはないので、大きな期待をしないことです。

また、自分の才能を生かせるような仕事に就いたとしても、最初は雑用ばかりだったり、トラブルが起きたり、スランプに陥ったりすることがあります。

そのときには、頑張ることはもちろん必要だし、休むことも大切です。

頑張ってもうまくいかないとき、あるいは、うまくいっているのに充実感を得られないというときには、もしかしたら、いま、あなたがいる場所は、あなたに合っていないのかもしれません。

たとえば、ジョン・レノンはどんな世界に行っても成功できたでしょうか。パン屋さんに就職しても、鼻歌を歌っていて、うまくパンが焼けず、先輩から叱《しか》られてばかりいたかもしれません。

そうして、「パンも満足に焼けない自分が、歌手になんかなれるわけがない」と落ち込む彼に、あなたなら、どんな言葉をかけますか？

一人でオールマイティーの才能をもっている人なんて、世界中探しても、いないのです。

いまいる場所が自分に合っていないという場合には、そこで、どんなに頑張っても、幸せを感じることはできないし、満足な結果も出ないでしょう。

自分が本来行く場所に行かないと、人生は花開きません。その場所を探すための就職であり、転職だということを覚えておきましょう。

3 どの業界で生きるかを決め、専門知識を蓄積する

4 一流、二流、三流のどこに行くかを決める

5 自分の天才性を意識する

6 仕事がもたらす5つの喜びを知る

7 人生を大きく変えてくれる「メンター」を探す

8 一生続く人脈をつくる

6

この仕事をしていてよかったと思う瞬間

大変残念なことですが、世の中には、仕事の喜びを知らないまま、なんとなく毎日仕事をしている人がたくさんいます。

仕事をすることに対して、給料以外にたくさんの喜びがあることを、上司から教わっていないし、職場で体験していないからです。上司が部下に仕事の喜びを教えられないのは、彼ら自身、本当に喜んで仕事をしていないからです。

幸せに仕事をしている人は、何種類もの喜びを得ています。

いちばんに挙《あ》げられるのは、「お金をもらう喜び」です。

学生の頃に、アルバイト代を初めてもらったときのことを覚えている人も多いでしょう。働いて得たお金というのは、その金額の多い少ないに関係なく、自分に対して誇《ほこ》らしい気持ちと喜びをもたらしてくれたと思います。

でも、それは、「仕事の喜び」としては、最初の入口のようなものです。

「お金をもらう喜び」の次にくるのは、「人に感謝される喜び」です。

たとえば、商売であれば、売る側がお客様に対して「ありがとうございます」と言うのは当然ですが、お金を支払ってくれたお客様から、「ありがとう」と言われることがあります。

こちらが感謝するべき立場なのに、相手から感謝されるというのは、「この仕事をしていてよかった」と思う瞬間です。

けれども、そういった喜びを、直接伝えられる職業は、案外少ないものです。

たとえば、配管工《はいかんこう》という職業は、給排水やガスの設備には欠かせない大切な仕事ですが、それをしたからといって、近所の人が出てきて、「あなたのおかげで、安心してトイレに行けます」と言ってもらえるでしょうか。

私の講演会には、担当の編集者がよく来てくれます。その会場で、私の本の担当編集者だということを知った読者の方から、「本を出してくれて、ありがとう」と言われて、びっくりしたと言っていました。

たくさんの本をつくってきた編集者さんなので、そんなことはよくあることだろうと思いましたが、編集者という仕事は、読者と会うことはほとんどないそうで、直接お礼を言われる機会も少ないとのことでした。

私自身、本が好きなので、お礼を言いたい読者の気持ちがわかるのですが、考えてみると、ふだんの生活で感謝することは多くても、それを直接、言葉にして相手に伝えるということは、ほとんどしていないことに気づきました。

だとしたら、誰かに直接お礼を言われることはなかったとしても、誰にも感謝されていないわけではないことがわかります。

あなたが仕事をやっていく中で、実際には聞こえない感謝を、どれだけ想像上で受け取れるでしょうか。それと同時に、あなたが知らないあいだに得ているサービスに関して、どれだけ静かな感謝ができるかというのも、仕事の喜びを知る一歩になると思います。

6
感情的なつながりが仕事の喜びをもたらしてくれる

仕事の喜びには、「人とつながる喜び」というのもあります。

仕事をしていくと、いろいろな人につながっていきます。

その筆頭《ひっとう》は、一緒に仕事をする仲間です。たまたま同じ会社に入った、専門分野が同じだった、ビジョンに共感できたなど、そのきっかけはさまざまでも、縁あってつながった人たちです。そして、その仲間たちとつくった商品なり、サービスなりを提供する「お客様」。その家族や友人たち。仕事が広がっていけばいくほど、多くの方たちとつながっていきます。

自分の喜びが、仲間たちに伝わり、お客様に伝わり、その家族にも伝わっていく。その感情的なつながりが「仕事の喜び」になるわけです。

仕事の本質は「傍を楽にすること（はたらく）」です。つまり、まわりの人たちを助けてあげることです。

お客様やクライアントの助けになることは何か、仲間の助けになることは何か、上司の助けになることは何か。それを考え、行動に移せる人が、仕事のうえでの成功を得られます。そういう人は、それと同時に、「仕事の喜び」もつかんでいます。誰かの助けになるというのは、その相手から感謝されることをしているわけです。その感謝が、相手との絆《きずな》を生むのです。

仕事は、ほんのきっかけです。仕事を媒介《ばいかい》とした心と心のつながり、これが幸せをもたらしてくれます。

一緒に仕事をする仲間やお客様との絆を感じられたら、あなたはなんとも言えない静かな喜びを、感じるようになります。感謝と感謝が交換され、その流れにお金が乗っていく、それが仕事の理想型です。そういう仕事ができれば、ちょっとしたストレスなんか、どこかに吹き飛んでしまうことでしょう。

6

「人を喜ばせたポイント」をどれだけ貯《た》められるか

もう一つの「仕事の喜び」が、「自分が成長する喜び」です。

大人になると、目に見えての成長というのは、なかなか感じにくくなるものです。背が高くなるわけでもないし、たとえ昇進試験を受けてパスできたとしても、人間的に成長できているかといえば、そういう試験で、それを実感することは難しいでしょう。

自分が人間として成長するというのは、仕事を通して実感できることなのですが、それをしっかり認識できる人は、なかなか少ないように思います。

就職すると、そこには新しい仕事や人間関係が待っています。

まわりの人たちが簡単にできていることが、自分にできないことで自信をなくしてしまうことがあります。でも、知らずしらずに成長していくものです。

「新しいスキルを身につけることができた！」

「いままでできなかったことができるようになった！」

「自分の才能を使えるようになった！」

「たくさんの人を喜ばせることができるようになった！」

こんなふうに、自分の中で喜びの「！」が、次々に躍《おど》り出すような日が来るようになります。自分がやったことで、誰かを喜ばせたという静かな自己満足。この「！」のポイントを、どれだけ貯められるかが、あなたの仕事人生の幸せ度を決めます。

仕事の喜びは、誰かから与えてもらうものではありません。自分だけしかわからなくても、「今日は誰かを幸せにしたという満足感」と、「自分が成長しているワクワク感」さえあれば、もう十分にあなたは報酬を受け取っているといえます。仕事の喜びは、仕事を実際にやっていく中で学び、感じるものです。

- □ 4 一流、二流、三流のどこに行くかを決める
- □ 5 自分の天才性を意識する
- □ 6 仕事がもたらす5つの喜びを知る
- ✔ **7 人生を大きく変えてくれる「メンター」を探す**
- □ 8 一生続く人脈をつくる
- □ 9 自分に先に投資する
- □ 0

7
誰に教わるかで、人生は変わる

「メンター」とは、人生を導いてくれる先生という意味ですが、このメンターを見つけられるかが、今後の人生を左右するといっても過言ではありません。

私が初めてメンターに出会ったのは、17歳のときでした。そして、その翌年も、そのまた翌年も、別のメンターに出会い、それからほぼ毎年のように、新たなメンターとの出会いを経《へ》て、いまに至《いた》っています。

千円札の肖像《しょうぞう》は野口英世《のぐちひでよ》ですが、彼の人生にもしもメンターがいなかったら、後世《こうせい》に名を残すことはなかったでしょう。

野口英世の生涯《しょうがい》は、「偉人伝《いじんでん》」で読んだり、ドラマや映画を観たりして知っている人は多いと思います。彼は、細菌学の権威《けんい》で、海外でも活躍した人ですが、もともと貧農《ひんのう》の家に生まれています。小学校のときに、最初のメンター小《こ》林栄《ばやしさかえ》に出会い、高等小学校に進学する費用まで出してもらっています。

野口が子どもの頃のやけどのために、左手が不自由であったことは有名ですが、15歳のときに手術を受け、それがきっかけで、その医師のもとで医師になる勉強を始めます。その医師がもう一人のメンター渡部鼎《わたなべかなえ》です。

医師の免許を取るとき、アメリカに留学するときにも、次のメンター血脇守《ちわきもり》之助《のすけ》に応援されて、彼は細菌学者としてスタートするチャンスをつかむのです。

野口英世のほかにも、成功した人、多くの人から尊敬を集めた人を調べていくと、複数のメンターの存在を見ることができます。

就職する、転職するというときに、メンターを探すことを意識してください。その人のそばで、働きながら学ぶことができたら、人生は大きく変わっていきます。そして、貪欲《どんよく》にたくさんのメンターを探して、教えてもらってください。器《うつわ》の大きいメンターなら、喜んで手伝ってくれるでしょう。

7 複数のメンターをもつ

あなたにはメンターがいますか？

いまでこそ、メンターという言葉は多くの人に知られるようになりましたが、拙著『ユダヤ人大富豪の教え』では、「メンター（人生の師）」というふうに表記しました。その頃には、まだ日本では馴染《なじ》みのない言葉だったのです。

もともと「メンター」という言葉は、ギリシャ神話で、オデュッセウスがトロイア戦争に出陣《しゅつじん》するときに、自分の子どもを託《たく》した指導者メントールの名前からきたものだといわれています。

このメンターがいないという人も少なくありませんが、メンターがいるという人でも、たいていは一人か二人のようです。

ここで私が勧《すす》めたいのは、複数のメンターをもつことです。

メンターを「師匠《ししょう》」だとすると、一人に絞らなければいけないと思うかもしれませんが、そんなことはありません。

人生では、何人ものメンターをもっていいのです。

たとえば、ビジネスのメンターもいれば、お金のメンターもいる。趣味のメンターもいれば、健康のメンターもいる。恋愛のメンター、結婚のメンターがいてもいいわけです。そう考えると、むしろ一人に絞るほうが、無理があると思いませんか。

メンターにも、得意不得意のジャンルはあります。複数のメンターをもつことで、より豊かな人生を築いていくことができるのです。

教えを請《こ》うためには、当然、礼儀《れいぎ》をわきまえたり、お返しすることを常に意識しておくことです。彼らは、金銭的な見返りを期待していませんが、あなたが感謝してくれたり、成長してくれるのは大きな喜びになるはずです。

7 自分に合わないメンターを見分けるコツは？

複数のメンターをもちなさいと言いましたが、メンターの中には、よくないメンターもいます。

私は、彼らのことを密《ひそ》かに冗談《じょうだん》で、「ダメンター」と呼んでいます。「この人はすばらしいメンターだ」と思っていても、はずれることがあるのです。

どこで見分けるかといえば、最初のチェックポイントは、その人が幸せかどうかということです。

私の20代前半の頃の体験をお話ししましょう。当時、雑誌などに特集を組まれるような、ある人物に弟子《でし》入りしようとしていたときのことです。

ところで、私の弟子入りの方法は、「無報酬で働かせてください」と頼むことや学生の面白い友人を紹介することでした。

成功している人のそばにいられるだけで、どれだけの学びがあるかわかりません。無報酬なのは当然のことだし、弟子入りできるというのは、お金には換《かん》算《さん》できない財産をもらうようなものです。

お願いすれば、誰もが引き受けてくれるわけではありません。

でも、このときは、あっさり「いいよ」と言ってもらえました。

内心は、ぶっきらぼうな人だなと思いましたが、とにかく弟子入りして、その人のことを知りたいと思いました。

それで、秘《ひ》書《しょ》の人に、どんな人か聞いてみたのですが、「よく知らないのです。私も最近、入社したばかりなので」という答えが返ってきました。

日がたつにつれて、奥さんには逃げられ、子どもたちからは馬《ば》鹿《か》にされ、従業員も居つかない状態だったことがわかりました。それで、秘書の人も入ったばかりだったというわけです。

それでも、雑誌で特集されるくらい、ビジネスでは成功しています。そこで、「ビジネスで成功するにはどうすればいいですか」と質問してみました。

すると、その人の答えは、こうでした。

「まず家族のことを忘れろ。プライベートを忘れろ。

24時間、仕事のことだけを考えていたら成功する」

この人についていったら、ビジネスでは成功できるかもしれないけれど、家族との時間をもったり、それを楽しんだりすることは無理なのだと思いました。慌ててその人のもとから逃げ出したのは、言うまでもありません。

その人のビジネスのやり方を見て、仕事については学ぶことはできたかもしれません。でも、どんなに成功しても、幸せでないなら何のための人生なのか。当時の私は、それでは成功する意味がないと思いましたし、いまでも、その考えは変わっていません。

メンターをもつなら、心から尊敬できて、一緒にいて楽しい人であることが、とても大事だと思います。

7 メンターには展開型と目標型がいる

メンターにはやたらと厳しい人がいて、あなたのあり方や人格すべてを真《ま》っ向《こう》から否定するような人もいます。

ところで、成功している人は、「目標型」と「展開型」の二つのタイプに分けることができます。

「目標型」は、目標をがっちり組んで、それをすべて達成していく人です。

「展開型」は、特に目標は立てず、「面白いな」と思って行ってみた場所で、人を紹介されて、その人のところに行ったら面白い仕事になった、というふうにやっていたら、なんとなくいままでうまくいっている、という人です。

私はどちらかといえば「展開型」なのですが、メンターを探すときに、自分のタイプを知っておくことは大切です。

たとえば、夏休みの絵日記は、毎日きちんと書いたとか、宿題は3ページずつやることにして、期限までにきちんとやり終えた、という人は「目標型」です。彼らは、ごく自然にそういった作業ができるのです。

それに対して、どちらかといえば、そういうふうにきっちりと目標を立てるのは苦手な人、また、いままでの人生を振り返っても、いろいろな人たちとの出会いで、気がついたら、なんとかやってきたという人は「展開型」です。

この「展開型」にはさらに、「ちゃんと展開していく人」と「グルグルまわっているだけの人」がいます。この違いは、とても大切なポイントです。

メンターを探すとき、たいていは自分と逆のタイプをメンターにしようとします。

「展開型」の人は、自分がうまくいかないのは、目標を立てられないからだと勘違《かんちが》いして、「目標型」のメンターを見つけ、弟子入りしようとします。

その結果、「おまえは目標もつくれないのか、だからダメなのだ」と言われて、ボロボロになってしまい、自信を失ったりするのです。

私も、そうなりかけたことがありました。

ある「目標型」の人にお会いしたときのことですが、会うなり、その人は「手帳を出せ」と言うのです。「手帳はもっていない」と言うと、自分の厚い手帳を見せて、将来やることはすべて書いておかなければならないということを、得々《とくとく》と説明されました。

それで私は、新しい手帳を買って、予定を書き入れていこうとしたのですが、うまくいかないのです。その場では書き込むことはできても、3日しか埋《う》まらない日記帳のように、あとが続きませんでした。

そうしたとき、こんどはまったくタイプの違うメンターに出会いました。

その人に手帳についてたずねると、「馬鹿だな、手帳なんかもったら、時間の奴隷になるのだよ」と言われて、すごくピンと来るものがありました。

「手帳に縛られたら、神様がせっかくもたらしてくれるチャンスを受け取れないということなのですよ」という言葉に、思わずジーンとして涙が出ました。手帳を使いこなせないことで、心の奥で、「やっぱり、自分はダメなんだ」と感じていたからだと思います。

人間は自分にないものを外に求めたくなる生き物です。メンターを探すときにも、自分とは正反対のタイプを選んでしまうことがあります。

自分と違うから、「すごい」と思って、あこがれてしまうのです。

けれども、本質的な部分が自分と同じでない人に、いくらいいことを教えてもらっても、それを生かすことができません。そのことを覚えておきましょう。

自分があこがれると同時に、自分と似たタイプの人をメンターに選ぶことです。なぜなら、あなたと同じ弱点と強みをもっている人なら、よりその人からの学びを生かしやすくなるからです。

自分と同じ弱みがあるメンターは、自然とダメなところも目につくでしょうが、「ちょっと頼りないなぁ」とあなたが感じるぐらいのメンターのほうが、あなたの人生には役立つと思います。

- [ ] 5 自分の天才性を意識する
- [ ] 6 仕事がもたらす5つの喜びを知る
- [ ] 7 人生を大きく変えてくれる「メンター」を探す
- [x] **8 一生続く人脈をつくる**
- [ ] 9 自分に先に投資する
- [ ] 10 お金と時間をどう増やすのかを考える

8 あなたに運を連れてくる人

「よい人脈」は、人生のすべてを変えてくれます。

逆にいえば、人生を変えたかったら、つき合う人を変えるのが、いちばんの早道になります。それは恋人やパートナーもそうだし、仕事仲間や友人たち、自分を取り巻くすべての人たちに当てはまります。

なぜかというと、「運」というのは、人からやってくるからです。あなたが誰とつき合っているかで、もたらされるチャンスや可能性が変わってきます。

ここで、質問です。

あなたのケータイに電話をかけてくる人たちの平均年収はいくらですか？

自分が親しくしている人たちの平均年収を割り出すことで、おおよその、あなたの収入や社会的地位がわかります。

3年後はどうでしょうか。10年後はどうでしょうか。

3年後よりも10年後、ケータイに電話をかけてくる友人たちの収入レベルがアップしているようであれば、あなた自身もうまくいっているはずです。

たとえば、いまのあなたのケータイに電話をかけてくるのが、あなたよりも、年収も社会的地位も上だという場合には、あなたは、その人たちと同じように伸びていける可能性が高くなります。

逆に、電話がかかってくるのは、自分よりも下の人ばかりだという場合は、たとえ、いまはよくても、さほど将来には期待できないかもしれません。

会社に入っても、さまざまな年収の人とつき合うのか、同じような人とつき合うのか、誰がケータイに電話をかけてくるかを意識しておいてください。

自分がつき合う人を見直してみることで、人生は少しずつ変わっていくはずです。

8

上の人とつき合うときの風圧《ふうあつ》に負けない

いまの人間関係を変えるには、自分が場違いに感じる場所に飛び込んで、なおかつ、その場に踏みとどまらなければなりません。

それには、勇気とあつかましさが必要です。

自分が属したいグループや、そこに属している人に近づきたいと思っても、その人たちから、「一流の雰囲気」や「一流のオーラ」というような風圧を感じるでしょう。その風圧に少しでも怯《ひる》んだら、そのまま吹き飛ばされてしまいます。いっそ、吹き飛ばされたほうが、楽に感じるかもしれません。

でも、その風圧をグッと押し返していくのか、あるいは風圧に負けて「自分はそんなレベルじゃないな」と逃げてしまうのかで、人生は大きく変わります。

自分を変えたい、人生を変えたいと思ったら、1、2の3でその人たちに向かって踏み出さなければなりません。「1、2の3」では踏み出せず、「4、5、6、7、8……9！」でもダメで、もしかしたら100まで数えることになっても、その人に近づいてみましょう。

最初はぎこちないかもしれません。こちらが緊張して何も話せずにいたら、相手のほうが去ってしまうこともあります。

なんとか話ができても、5秒で終わるということもあるでしょうが、それだけでもすごい一歩です。

最近、パーティーで知り合った方が、イギリスのダイアナ元皇太子妃《こうたいしひ》と会ったときの話をしてくれました。私自身、その人に近づくのに風圧を感じたのですが、彼もまた、ロイヤルファミリーと話をするのに、風圧のようなものを感じた、と言うのです。世界的に活躍している人でも、自分よりも目上の人と話すときには緊張するのかと、少し安心しました。

8 年下の人とも丁寧《ていねい》につき合う

本を出すようになって、読者の方と直接お会いする機会も多くもつようにしていますが、そんなときに、私自身が風圧を感じさせる立場になることも、たまにあります。

私の講演会後のサイン会で、読者の方と握手をすると、その手が、緊張で震《ふる》えていることがあります。

自分に会うことを、こんなにも喜んでくれるのかとうれしく思いますし、その人に対しては、「たいしたことないので、そんなに緊張しないでくださいね」と声をかけたくなります。

いまの世界で対等性をもつのは、まだまだ難しいと思いながら、いずれそれを実現したいとも思います。

自分よりも上の人たちの中に入ると、疎外感《そがいかん》を感じやすくなりますが、相手は、案外、普通に受け入れてくれるものです。

私の経験でいえば、大物であればあるほど、誰とでも普通に話をしてくれる感じがします。

勇気を出して、あこがれの人に話しかけてみましょう。

自分よりも目上の人とも、積極的に話すようにすることです。できれば食事の機会をもつようにしてみましょう。それが「人脈」をつくることにつながっていきます。

そして、自分よりも年下の人にも、丁寧に接してください。それが、あなたの人脈運を上げることになります。

学生時代には、年齢が上か下かで、先輩後輩の序列《じょれつ》ができていたかもしれませんが、職場では、その序列は成り立ちません。キャリアの長い人、実力のある人が、上になっていきます。入社して配属された先で、自分よりも年下の先輩や上司がいる可能性は十分にあります。

また、年下で、後輩だと思っていた同僚が、ある日突然、自分の上司になることもあるのが、会社です。

年下の人でも、上司になる可能性があるから、丁寧に接しておいたほうがいいということではなく、年下か年上かということに、あまり重きを置かないことが大切です。

人脈をつくるというのは、人と人が出会い、その出会いが、また次の出会いへとつながっていくことです。一つの山がほかの山と連《つら》なって、山脈になるのと同じです。

たとえ年下の人でも、その人が、思いがけない人を紹介してくれることはあるのです。

□ 6 仕事がもたらす5つの喜びを知る

□ 7 人生を大きく変えてくれる「メンター」を探す

□ 8 一生続く人脈をつくる

✔ **9 自分に先に投資する**

□ 10 お金と時間をどう増やすのかを考える

□ 11 仕事とプライベートの板ばさみに注意する

□ 12

9

自己投資が未来の収入をつくる

あなたは毎月いくら、「自己投資」していますか？

成長する企業は、将来の売上を生み出すために、売上の一定比率を「研究開発費」にまわしています。いますぐに売上につながることでなくても、将来に備《そな》えて、新しい売上をつくり出すための努力をしているわけです。

10年前と比べると、売上の中心になっている商品やサービスが、まったく変わっているという会社は少なくありません。

写真フィルムの老舗《しにせ》、富士フイルムは、近年、新しい化粧品のブランドを立ち上げました。こうした事業の拡大は、一朝一夕《いっちょういっせき》にできるものではなく、長い時間と費用をかけて取り組んできた研究開発の賜物《たまもの》でしょう。そうした研究開発がうまくいかず、10年前の商品やサービスを売ることしかしていなかったとしたら、どうなっていたでしょうか。同じ業種で成功していたコダックは、この多角化をしなかったために、業績は悪化してしまいました。

将来に備えての研究開発費が必要なのは、企業だけではありません。個人でも、同じことがいえます。

意識的に収入の一定比率を「研究開発費」＝「自己投資」にまわし、自分の知識やスキルを高めたり、広げたりする努力をしている人は、時代や社会が変化することがあっても、それに合わせていけるのです。

一方、収入の一定比率を「自己投資」にまわしていない人は、いまのスキルが時代遅れになったり、コンピュータなどに代替《だいたい》されるようになったりして、仕事を失う可能性があります。

そのときになって慌てないためにも、自己投資することで、日頃から自分のスキルや可能性を高めておくことが大切です。

9 自己投資＝お金×時間×情熱×行動

「自己投資」にかけるものは、お金だけではなく、時間や情熱も含まれます。あなたの成長は、あなたが毎日投資した「お金×時間×情熱×行動」によって決まります。

自分が、どんなことに、いくら投資しているのかを考えてみてください。いまの自己投資が、あなたの成長の原動力と方向性を決めます。

投資というと、株や不動産の購入をイメージする人は多いと思いますが、そんなことをしても、自己投資にはなりません。特に、元金が少ないうちは、投資の勉強にはなっても、それで本格的に資産を築くことは難しいでしょう。

あなたが20代の場合には、株や不動産ではなく、「人脈」に投資することをお勧めします。一流になりたければ一流に学ばなければならないと、前にお話ししましたが、そのためには、「この人は！」と思ったら、その人に会いにいくことです。もちろん、アポイントメントも取らずに押しかけてはいけません。可能なら、その人と親しい人から、紹介の手紙やメールを出してもらうなど、その人が「会ってもいいかな」と思えるくらいの段取りが必要です。

とは言うものの、そうして実際に会ってもらえるのは、せいぜい25歳くらいまで、という期限があることを知っておいてください。

25歳までなら、「若者」というくくりで会ってもらえる可能性がありますが、それ以上になると、「社会人」として扱われるので、会ってもらえなくなります。あなたが25歳以下なら、使えるうちに、その特権を使うべきです。

そうでない場合でも、会える機会は、いくらでもつくれるはずです。

あこがれの人の講演会、何かのパーティーに出向くなど、チャンスを見つけて、行動しましょう。お金も時間もかかりますが、それが「自己投資」です。

9 知識とスキルを身につける

自己投資を考えるときに、「人脈をつくる」のと同じくらい大切なのが、知識とスキルを身につけることです。

具体的にいえば、社会のしくみや法律、心理学、語学などの知識、フォトリーディング（速読）やパソコンなどのスキルがありますが、それらはいずれも、本や通信教育、セミナーなどで学ぶことができるでしょう。分野によっては、資格として、取得《しゅとく》できるものもあります。

自分の進みたい方向性が見えたとき、それに必要な知識とスキルもわかるはずです。

身につける知識とスキルは、その仕事に直接、役に立つようなものでなくても構《かま》いません。心理カウンセラーになりたいから、心理学や心理カウンセリングを学ぶというのは普通です。そうではなく、たとえば、営業職の人が、心理学を学んでおけば、お客さんとコミュニケーションをはかるうえでも、その知識が生かせることがあります。

字が下手なら、ペン習字を習うことで、得することもあるでしょう。アップル社のスティーブ・ジョブズは、若い頃、大学を中退して暇なときに、アルファベットのカリグラフィーのコースを取ったそうです。そのときの経験は、後に、美しいフォントを開発するときに大変役立ちました。それが、マックシリーズの成功のカギになったことは、有名な話です。

いま、直接関係がなさそうなことでも、心がワクワクしたり、気になることは、すべてやってみましょう。それが将来役に立ちそうかどうかなど、気にする必要はありません。いずれにしろ、不思議なめぐり合わせで、それが全部役に立つようになるでしょうから。

- □ 7 人生を大きく変えてくれる「メンター」を探す
- □ 8 一生続く人脈をつくる
- □ 9 自分に先に投資する
- ☑ **10 お金と時間をどう増やすのかを考える**
- □ 11 仕事とプライベートの板ばさみに注意する
- □ 12 友だちに助けてもらう
- □ 3

10

自分のお金と時間を何と交換していくか

就職・転職を考える人の多くは、自由に使えるお金と時間があまりないと思います。だからこそ、就職・転職を考えているのでしょう。だとしたら、いまは足りない時間とお金をどうやりくりするか、ということが大事になります。

私は日常的に、何百億、何千億という資産をもっている人たちともよく会っていますが、そんな彼らも、20代のときには、いまのあなたと同じように、お金も時間もなかったという人がほとんどです。

では、どうして、お金持ちになれたのか。

自由人たちの話を聞くと、彼らが、手持ちの少ない時間とお金を何かと交換していく「交換ゲーム」に成功したのだということがわかります。

自分のお金と時間を、何と交換していくかが、お金と時間のマネージメントをするということです。「マネージメント」の意味は、「管理すること」ですが、それは成果を出すためのものでなければなりません。

お金と時間をマネージメントするというのは、無駄《むだ》なお金や時間を使わないようにする一方で、成果につながる使い方をしていく、ということです。

たいていの人は、「もっとお金が欲しい」「もっと時間が欲しい」と思いながら、自分のいまの時間を管理しようとは考えません。「どうせ、たいしたことないんだから」と、最初からあきらめてしまっているのです。

結果として、ただお金と時間を消費するだけで終わってしまい、20年たっても、手元には、何も残っていないということになるわけです。

いまの自分の手持ちの時間とお金は、将来のさらなるお金と時間の種です。上手に使うと、何倍も増えていきますが、それは、あなたがいま何に使うかにかかっています。いまある時間とお金を上手に使う癖《くせ》をつけましょう。

10

消費と投資の割合を考える

お金と時間の消費と投資について考えるというと、消費は悪いことのように思うかもしれませんが、消費すること自体は、決して悪いことではありません。

私は、人生は、自分や自分のまわりの人たちと、楽しむためにあると思っています。お金も時間も、そういう喜びのために使うものです。

ほかの人から見たら、あるいは合理的に考えたら、「無駄」に思えるような使い方でも、その人にとっては、大切だということもあるわけです。

最近のカップルは、デートにお金をかけないと聞きますが、少し寂しいような気がします。ただお金を使えばよいということはありませんが、記念日のようなときには、二人の思い出に残るようなデートをするのは、素敵《すてき》なことです。

貯蓄や投資だけを考えた生活では、本当の豊かさは得られません。

消費だけの生活では、手元にあまり残らないと言いましたが、投資だけの生活もまた、味気ないものです。

お金を使うとき、時間を使うときは、とことん楽しみましょう。

心から時間とお金を楽しめたとき、それは、あなたの将来にとってプラスの使い方です。「ああ、楽しかった！」と思えたり、「いいものが買えてよかった！」と感じたりするときには、お金と時間に対して、ふだんの何倍も価値を感じているはずです。そうすると、もっとお金を稼ごうという気分になりますし、時間がとても大切に思えてくるでしょう。

消費も投資も、何のためのものなのかを考えておくのは、とても大事です。

そして、それが「お金と時間をマネージメントする」ということです。

お金にしても、時間にしても、あなたの限られた資産です。それをうまく使いこなせるようになりましょう。

10 必要なお金と大切な時間を知っておく

お金と時間は、いくらあってもいいと思っている人は多いのではないでしょうか。でも、実際には、「いつもお金が足りない」「いつも時間が足りない」というのが、あなたの現実かもしれません。

お金について考えるときに大切なのは、漠然と考えないことです。

ただ「お金が足りない」というのではなく、いくら足りないのかを考えてみましょう。具体的な金額を出してみると、案外、「それだったらなんとかなりそうだ」と思えたり、あるいは、「よく考えてみると、いまはそこまで必要ないな」という自分に気づいたりします。

拙著『ユダヤ人大富豪の教え』で、メンターであるゲラーさんは、ケンに、自分の預金通帳の残高に、「いくつかゼロをつけ足してごらん」と教えます。

そんなことは子どもだましだという人がいるかもしれません。実際、お金がないことに変わりありませんが、自分には預金があって、いまはそれを引き出さないだけだと考えれば、お金持ちの気持ちで生活できる、というわけです。

人間というのは、「お金がない」「自分には買えない」と思うと、不要なものでも、欲しくなるものです。お金持ちの気持ちで生活すると、現実は変わらなくても、心に余裕がもてます。ゲームだと思ってやってみてください。

私は、20代の頃、「いまは、必要ないな」というのを呪文《じゅもん》にしていました。

そうなると、何かを買うときに、買えるか買えないかではなく、必要かそうでないかで、判断できるようになるのです。

お金も時間も、まわりの人や雰囲気に流されて浪費《ろうひ》してしまうことは少なくありません。自分にとって、本当に必要な金額はいくらなのか、大切な時間はどんなときなのかを知っておきましょう。

- [ ] 8 一生続く人脈をつくる
- [ ] 9 自分に先に投資する
- [ ] 10 お金と時間をどう増やすのかを考える
- [x] **11 仕事とプライベートの板ばさみに注意する**
- [ ] 12 友だちに助けてもらう
- [ ] 13 父親と和解する
- [ ] 4

11 仕事だけの人生にしない

就職してすぐの頃は、ついついプライベートより仕事を優先しがちです。

何がなんでも、とりあえずちゃんとした仕事をしなければいけないと考えて、そのほかのことを疎《おろそ》かにしてしまいます。

何のために仕事をするのかといえば、生活費を稼ぐためというのが大きいでしょう。そして、それは生きていくうえで、とても大切なことですが、だからといって、仕事だけの人生では、どうでしょうか。

好きなことを仕事にすれば、それをするのは、むしろ楽しいことです。けれども、それだけになってしまっては、バランスが悪いと思いませんか？

人生には、仕事以外にも、楽しいこと、やりたいこと、大切にしたいことがあるはずです。プライベートとのバランスをどう取るのか。これについて、あなたなりの正解を考えてみましょう。

24時間、家族にも会えないで仕事をするのは、たとえそれが、どんなに好きな仕事でも、つまらないのではないでしょうか。

一方、家族が大事だといっても、いつも一緒に家族といるというのも偏《かたよ》っているかもしれません。子どもがごく小さいときはいいかもしれませんが、社会と何らかの関わりがあったほうが、ファミリー全体としても、幸せになれます。

たとえば仕事が忙しくても、夕食は家族と一緒にとるとか、週末は家族と過ごすとか、午後8時以降は自分の時間にすると決めてもいいかもしれません。

そんなふうに、友人と過ごす時間、趣味に没頭《ぼっとう》する時間、恋人やパートナーと過ごす時間も確保しましょう。

勉強や読書、エクササイズの時間など、人によって、必要な時間はさまざまです。あなたにとっての「正解」を見つけてください。

11

自分にとって何が大切かを考える

この章を「仕事とプライベートの板ばさみに注意する」としたのは、板ばさみになると、仕事でもプライベートでも、幸せを感じることが難しくなるからです。

人生の幸せを感じられないのに、どうしてうまく仕事をすることができるでしょうか。だからこそ、仕事とプライベートの板ばさみにならないように注意することが必要なのです。

一日は24時間、それは誰にも平等です。忙しくしていると、一日はあっという間に過ぎていきます。

仕事に追われていると、なんとなく充実しているような気持ちにもなります。でも、知らずしらずに、友人と疎遠《そえん》になったり、家族の気持ちがバラバラになったりしているかもしれません。

自分の人生にとって大切なものは何か。このことをときどき、考える習慣をもちましょう。そして、それが実際に優先されているかを確認します。

家族や友人が大切という人は、本当にその時間を楽しめているでしょうか。

自分の夢がある人は、その夢のための準備ができているでしょうか。

愛する人のために働いているつもりが、いつのまにか、愛する人の気持ちを傷つけていることもあります。

家庭ばかりにエネルギーを注《そそ》いでいる人は、仕事やお金のことが疎かになって、経済的にまわらなくなって、破綻するということもあります。

外ばかり見ている人も、内ばかり見ている人も、バランスを崩《くず》しています。

働きすぎたら休むことも大切です。もちろん、働くことにエネルギーを注ぐ時期というのはありますが、それが何のためなのかを忘れないことです。

11

恋愛と仕事のどちらを取るか

いい仕事にめぐり合うと、それだけに夢中になってしまうことがあります。そうなると恋人がいても〝ぼったらかし〟になり、ある日突然、恋人やパートナーから、「私と会社とどっちが大事？」「僕と仕事とどっちが大事？」というようなセリフをつきつけられることがあります。

拙著『20代にしておきたい17のこと〈恋愛編〉』（大和書房刊）では、恋愛することで、仕事のやる気もわいてくるというような話をしましたが、その反対に、恋愛だけに逃げ込んでもいけないということも書きました。

恋愛も仕事も、人生を楽しくさせるものです。大切なのはバランスを取ることで、どちらか一方を選択するものではないことを覚えておいてください。

- ☐ 9 自分に先に投資する
- ☐ 10 お金と時間をどう増やすのかを考える
- ☐ 11 仕事とプライベートの板ばさみに注意する
- ☑ **12 友だちに助けてもらう**
- ☐ 13 父親と和解する
- ☐ 14 まさか！に備える

12

業界のキーパーソンと友だちになる

友情と仕事は別。そんなふうに考えていませんか。

職場は職場、友だちは友だち、というふうに分けている人は多いかもしれません。

けれども、仕事で何かあったときに、電話一本で、的確なアドバイスをくれる友だちがいたらいいと思いませんか？　そういう友だちが誰もいないのと、20人いるのとでは、ずいぶん違ってきます。

たとえば、新しいプロジェクトを始めるとき、何かトラブルが起こったとき、専門家に話を聞きたいと思っても、どこに聞けばいいのかわからないときなどに、電話でちょっと聞ける友だちがいるというのは、ありがたいものです。

ビジネスで成功している人ほど、友だちに、業界のキーパーソンといわれるような人をたくさんもっています。

何か情報が欲しいときにも、電話かメール一本、あるいは、せいぜい2、3人に連絡を取れば、必要な情報が手に入ります。

これは、ただ知り合いが多いということではなく、お互いに信頼し合っていて、質の高い仕事をしている友人同士だからこそ、教えてもらえたり、紹介してもらえたりということがあるわけです。

その意味では、アドバイスしてくれる友人が、どのレベルかで、話は違ってきます。アクセスできる相手が社長クラスなのか、部長クラスなのか、課長クラスなのかで、情報や人脈が違うからです。

将来、何かやろうというときに、その業界のキーパーソンになるような人たちと友だちだったとしたら、電話2、3本で、すべてのことが解決していくわけです。

12 一緒に上がっていける仲間と一生つき合う

業界のキーパーソンと友だちになれと言っても、すでに確立している人たちに、「友だちになってください」と言いにいけということではありません。

一生を通じて、一緒に上がっていける仲間をいまからじっくりつくっていくと思ってください。そのためには、あなたも成長することが前提《ぜんてい》となります。

業界は違っても、それぞれの分野で、「一緒に、業界を引っ張っていく」「時代をつくるんだ」「この国を変えよう！」と熱く語り合える友情をもつことができたら、あなたも、友人たちも、20年後、30年後にはメインプレーヤーになっているはずです。そんなふうに、一緒に成長できる友人をもてることは、人生の大きな喜びになります。

12
社会人になってからの友情は成り立つか

仕事をしていくうちに、同じ会社の仲間と、あるいは取引先の人と、仕事を超えて友人になるということはあるでしょう。

けれども同じ会社ならば、どちらかが先に出世したり、そのために相手の部下や上司になったりということも、あり得ない話ではありません。取引先ならば、いくら友だちでも、会社の立場で話をしなければならないこともあります。

何かしらの利害関係、上下関係ができやすいのが、学生時代とは違うところであり、社会人になってからの友情は育てにくいといわれる所以《ゆえん》です。

けれども、友人関係というのは基本的には、これをしてあげたから、これをしてもらうというような「ギブ・アンド・テイク」の関係だと私は思います。

どちらか一方が、相手に頼るだけの関係は「友情」ではなく、「依存《いぞん》」です。相手に助けてもらったら、次のときには、自分が相手を助ける。それができる自分でいることも、大事なことです。

その意味では、いくら友だちだからといっても、境界線《きょうかい》があることを知っておきましょう。

いい関係を保《たも》つためには、思っていても言わないことがあるのです。嫌われないようにつき合うというのは、表面的な感じがするかもしれませんが、別の見方をすれば、健康的で社会的な距離を保っているということでもあります。

けれども、ときにはその境界線を越えて、厳しいことを言ったり、言われたりということがあるかもしれません。それこそ、そこが友だちから親友になるときです。もし、そんなチャンスがあれば、一生続くすばらしい友情をぜひ大切にしてください。

12 友情なしに人生の豊かさは得られない

これから就職するあなたに伝えたいことは、人生はすべて順風満帆《じゅんぷうまんぱん》というわけにはいかないということです。

体調を崩したり、離婚したり、親を亡くしたり、会社が倒産したり、子どもを亡くしたりということも、絶対にないとはいえません。自分の能力とはまったく関係ないところで、仕事がうまくいかないということもあるでしょう。

そんなときに電話一本で、すぐに会ってくれたり、一緒にいてくれたりして慰《なぐさ》め、励ましてくれるのが友だちです。

一生つき合える友だちをもつことは、人生で大切なことだと思うのですが、そのために努力するということは、案外、後まわしになりがちです。

パートナーや家族が大事だと意識して、そのための時間をつくることはしても、友情については、なんとなく、放ったままにしてもなくならないような気持ちがあるかもしれません。気がついてみたら、年賀状だけのやりとりしかないという友人も、少なくないのではないでしょうか。

いつも会ったり、メールを交換したりする必要はなくても、ただ放っておいただけでは、友情を育てることはできません。

困ったときだけ連絡を取っても、そのときには、「友だち」から「知り合い」に変わっていることもあるのです。

そうならない努力は、何もないふだんのときに必要なのです。

友情なしに、人生の豊かさは得られないと私は思っています。

そして、そんな友人たちは、仕事をしていくうえで、どれだけ、あなたの力になってくれるかしれません。頼みごとや頼まれごとがないときに、友情を育《はぐく》んでください。そうすれば、単なるギブ・アンド・テイク以上の友情が芽生えてくるでしょう。

- [ ] 10 お金と時間をどう増やすのかを考える
- [ ] 11 仕事とプライベートの板ばさみに注意する
- [ ] 12 友だちに助けてもらう
- [x] **13 父親と和解する**
- [ ] 14 まさか！に備える
- [ ] 15 運のコントロール法について学ぶ
- [ ] 16

13 父親への反抗心が仕事運を落とす

この章では、「父親と和解する」ということについて、お話しします。

なぜ、「就職する前にしておきたいこと」として、このテーマを取り上げるのか、不思議に思った人がいるかもしれません。就職や転職するときに、父親は関係ないじゃないかと言いたい人もいるでしょう。

私はこれまで、いろいろな方にインタビューしてきましたが、その結果、父親とうまく和解していない人というのは、仕事運を落としていることに気がつきました。これは、統計的な裏づけがあるわけではなく、また心理学的な裏づけがあるわけでもありませんが、ちょっと説明すると納得できると思います。

私が気づいたのは、父親と和解していない人は、権威的なものや目上のものに対する反抗心が強い傾向にあるということです。

だから上司から威圧《いあつ》的に命令されたり、取引先の人から居丈高《いたけだか》な態度を取られたりすると、それが父親と重なって、イラッとするわけです。「自分は相手の人に尊重されていない」と感じるのでしょう。


自分のことを理解してくれないと思う相手には、必要以上に反抗的な態度を取りがちです。「どうせ、おまえなんかにできるわけがない」という父親の声が、無意識に聞こえてくるからでしょう。上司や取引先とたびたびトラブルを引き起こす人は、父親と音信不通になっているケースが多いようです。

父親といい関係をもっている人は、逆に、どんなときも、状況を前向きに捉《とら》えられます。たとえ少しくらい失敗したとしても、「おまえならできる」という父親の声が聞こえてくるのです。

これが仕事をしていくうえで、どれほどの違いを生むかは想像に難《かた》くないでしょう。だからこそ、ここで「父親と和解する」ことを勧めたいのです。

13

自分の可能性を親の価値観で制限しない

就職・転職するというときに、親の顔が浮かぶ人は、案外多いかもしれません。まだ社会経験の浅い20代なら、親元を離れていない人もいるので、当然かもしれませんが、30代、40代になっても、そういう人はいます。

仕事をするということでは、どんな人にとっても、いちばん身近なサンプルが、自分の親になります。

「この仕事に就こう」と思ったときに、親が喜んでくれるのか、そうでないかを、無意識のうちに考えてしまうところがあります。それ自体は悪いことではありません。

ただし、自分が本当はやりたいこと、進みたい道があるのに、親がダメと言うだろうからと、あきらめてしまう人がいます。

それはそれで、一つの選択ともいえますが、そのことで親に対して恨《うら》みがましい気持ちをもってしまうことは問題です。

なぜなら、それはたいてい不戦敗《ふせんぱい》を意味するからです。

親に対して「これをやりたいんだ」といって戦ったのならともかく、「たぶん、親は反対するに違いない」と決めつけて、勝手にあきらめているとしたら、もったいないと思いませんか？

私たちは、親の価値観を引き継いで、生きているところがあります。

仕事に対する考え方、お金に対する考え方など、知らずしらずのうちに、親と同じ考え方をしていることがあります。あるいは、同じ考え方ではないのに、同じでなければならないと思って、自分を抑《おさ》え込んでしまいます。

それは、まだ親の重力圏内《けんない》で生きている状態です。父親、母親の価値観の中にのみ込まれているわけです。

そんなところからは、サッサと抜け出してしまえばいいのに、それができません。なぜかといえば、自分独自の価値観がつくられていないからです。仕事選びから、パートナーの好みまで、親の人生観や好みに影響されていることに、気づきもしません。

しかし、普通は、親の価値観で生きていた人も、20代後半にもなると、自然にそこから抜け出せるようになります。

完全に抜け出すためには、盛大《せいだい》な親子ゲンカを繰り広げることになるかもしれませんが、それが親離れするということです。

就職する、社会人になるということは、子どもの世界との決別でもあります。

たとえ親元で暮らしていたとしても、いずれ自分なりの価値観を確立しなければならないということを覚えておいてください。

13
親の重力圏内から離れて自分の軌道《きどう》で生きる

自分の価値観で生きるというのは、なにも親の勧めた道を行ってはいけないということではありません。

就職を考えるときに、親の職業を継ぎたいと考える人はいるでしょう。家業を継ぐというようなことでなくても、父親や母親と同じ職業を選ぶというのは、すばらしいと思います。

しかし、どんな職業に就いても、親から言われてしかたなく、その道を選んだという人は不幸です。

以前、ある60代の経営者に会う機会があったのですが、この人は3代目の社長でした。話をしていると、「本当は、こんな商売はしたくなかった。しかたなく家を継いだので、いまでも辞めたいと思っている」と言うのです。

こういう人は、自分自身が不幸なのはしょうがないにしても、家族や従業員も不幸にしていることに気がつきません。

まだ20代なら、親の言いつけで「しかたなく……」という言い訳《わけ》も立つかもしれません。けれど、そんなにその仕事が嫌なら、60歳までに辞めるチャンスはいくらでもあったのではないでしょうか。

結局は、自分で選んで、その道で生きているのです。それを認めず、何か「させられている」意識を抱えたまま現在に至っているわけです。


日本人は、欧米人に比べると、「親を悲しませたくない」という気持ちが強いように思います。親を悲しませるくらいなら、自分が退屈な人生を我慢すればいいと考えてしまうようです。でも、そんな生き方を選択して、本当にいいのでしょうか。

一生、親の軌道に乗って、生きていく人もいます。そういう人は、就職すると、こんどは会社の軌道で生きていきます。一生のあいだ、誰かの軌道に乗ったまま、文句を言いながら、グルグルまわっていきます。

それでは、あまりにもつまらない人生です。自分は、何をやりたいのか、自分のこととして、考えてみることをお勧めします。

父親との和解は、もう父親が亡くなっている場合でも、十分可能です。

最初のステップは、「お父さんへ」で始まる手紙を書くことです。いまの思い、子どもの頃の気持ちなどを綴《つづ》っていくと、自分の中の凝《こ》り固まった怒りや悲しみが溶けていきます。手紙を書きはじめて、何通かは、恨み、憎しみ、してほしかったこと、されて悔《くや》しかったことでいっぱいになるでしょう。しかし、10通以上書いていくうちに、父親も、彼なりに頑張っていたこと、苦しんでいたこと、精一杯子どもを愛していたことがわかってきます。

あなたにとっては、不十分だったかもしれませんが、彼としては与えられるすべてだったのです。

そのうち、父親を許せるようになるときが、きっとやってきます。

- [ ] 11 仕事とプライベートの板ばさみに注意する
- [ ] 12 友だちに助けてもらう
- [ ] 13 父親と和解する
- [x] **14 まさか！に備える**
- [ ] 15 運のコントロール法について学ぶ
- [ ] 16 まわり道を楽しむ
- [ ] 17

14

起きるわけがないことが起きるのが人生

人生には3つの「坂」があるといわれます。

「上り坂」と「下り坂」、そして「まさか!」の3つです。

こんなふうに聞いても、20代、30代では、それを実感するのは難しいかもしれません。けれども、70代以上の人たちにインタビューすると、統計的に人生で3回から4回くらいは、大きい「まさか」がやってくるのだということがわかります。

たとえば、「パートナーが急に亡くなる」「会社が倒産する」「家が火事になる」「泥棒《どろぼう》に入られる」「会社のスタッフに横領《おうりょう》される」。こんなことが、普通の人たちの人生に、起きているわけです。

ある朝、起きてみたら、なにか焦げ臭《くさ》い。「なんだろう」と思ったら、自分の家が火事だった、という人のお話をうかがったことがあります。取るものもとりあえず家を出たそうですが、私ならパニックになると思いました。どんな感情がわいてきたかを聞いてみると、その人はさすがに大物です。

「いや、自分の家にこんなに燃えるものがあったとは思わなかったよ」

自分の家が燃えていく光景というのは、ふだんは、想像すらできないことでしょう。でも、絶対に起きないことではないのです。

友人や家族の誰かが、交通事故や突然の病気で亡くなるというのも、やはり一定の確率で起きます。もしかしたら、あなたのまわりでも、そんな体験をしている人がいるかもしれません。

勤めている会社がある日突然、倒産するということもあります。むしろ、これからの時代は、それは十分に起こり得ることだとして、覚悟しておかなければならなくなるかもしれません。

14 家族とのつながりを大事にしておく

まさかの事態が人生には起こり得るということは、東日本大震災を通して、私たち日本人の全員が体験したといってもいいでしょう。

そのときに、「絆」の尊《とうと》さというものを再確認した人は多いと思います。

人生では、どんなに自分では気をつけていても、「まさか」の事態に陥ることがあります。

深い悲しみの淵《ふち》に突き落とされ、そこから出られそうにないと感じることは、人生で何度か起きます。そんなまさかの事態を避けることは、できないのかもしれません。だから、せめて、そうなったときに後悔しないよう、いまの家族とのつながりを大切にしておきましょう。

仕事がうまくいかないことはあります。お金がまわらないこともあります。何をしても、その状況から抜け出ることができない感じがするときが、人生には何度かあるのです。

そのときに、あなたを支えてくれるのは家族だと、私は思います。

「私の家族は、私のことなんか気にもかけない」という人がいるかもしれませんが、もしも、そう感じているなら、そのわだかまりをいまのうちに解消しておきましょう。

それも、「まさか」に備えることだといえます。

家族との関係がうまくいっている人は、どんな不運にあっても、支え合って、乗り越えていくことができます。少なくとも、「もっと家族を大事にするべきだった」という後悔はしないで済むはずです。

家族と良好な関係を保っている人は、精神的にも安定しています。なぜなら、無意識のうちに、「自分は支えられている」と感じているからです。

14
段取りの悪い人は「まさか」を予想できない

日本ほど治安《ちあん》のいい国はないといわれます。たとえば、現金を落として、それが落とし主に普通に戻ってくるということは、海外ではあり得ないことです。

東日本大震災では、被災地で5千個以上の金庫が拾得物《しゅうとくぶつ》として届けられ、そのうちの90パーセント以上が、持ち主、あるいはその遺族《いぞく》に戻されたそうで、海外メディアの一部では、信じられないニュースとして報道されました。

それほどまでに、日本は治安のいい国だということがいえますが、そのために、平和ボケして、「まさか」の事態を予想できない人は少なくありません。

自分だけは、なんとなく大丈夫だと思ってしまうのです。

けれども、「まさか」の事態は、ある日突然、やってきます。

拙著『10代にしておきたい17のこと』（大和書房刊）では、「何も考えていない人が大半の世の中」として、たいていの人は、何も考えずに、反応のままに生きているということを書きました。

「『反応のままに生きている』とは、目覚ましが鳴ったら起きる、そして、会社や学校に行く。やらなければならないことをやる。失敗したら謝る。そして、うまくいくと喜び、うまくいかないとへこみ、ちょっとかわいい人、素敵な人を見たら近くに寄っていく。ノーと言われたら落ち込み、仲良くなったら、単純に喜ぶ……ということです。

結婚したら子どもが生まれ、泣くとうるさいと思い、笑うとかわいいと思い、なんとか日常生活をこなしていく。その十何年後が、いまのあなたの家族です。そうやって大半の人が生活しているわけです」

以上は拙著からの抜粋《ばっすい》ですが、そういう生活の中で、「まさか」に遭遇《そうぐう》することがあるわけです。

人は予想できていることには、それなりに対応することができます。準備がすでにできていれば、慌てることもありません。

けれども、予想していないことには、どう対応していいかわからずに、パニックになってしまうこともあります。

「まさか」の事態は、事故や災害とは限りません。もっと小さな「まさか」もあります。

「まさか、品切れになっているとは思わなかった」
「まさか、契約できないとは思わなかった」
「まさか、お客様がこんなに来るとは思わなかった」

何も考えず、自分に都合よく判断する人ほど、段取りが悪く、「まさか」の事態に対応できません。

仕事というのは、「まさか」の連続です。日頃から、たくさんの「まさか」を想定して、それに対応できるようにしておきましょう。それが、就職してからのあなたに、どれほど役立つかしれません。

14 問題解決力を高める

「まさか」の事態に備えるには、問題解決力を高めておくことが大切です。
ビジネスの場面では、さまざまな「まさか」という名のトラブルが起きます。
私は、それらの問題を解決するには、次の5つの力が必要だと考えています。

［1］本質をつかむ力
［2］感情のバランスを取る力
［3］人に応援してもらう力
［4］決断力
［5］行動力

「本質をつかむ力」とは、現状を見て、何が本当の問題なのかを正確に把握《はあく》する力です。問題が起きると、とりあえず表面に出ていることを片づけて、それで解決した気になることがありますが、それでは本当の意味での解決になっていないので、またすぐに、次のトラブルが発生します。

「感情のバランスを取る力」とは、問題が起きてイライラしても、その感情を抑えられる力です。感情的になると、判断が遅くなったり、間違った決断をしたりします。問題解決には、冷静になることが大切です。

「人に応援してもらう力」とは、まさに、言葉のとおりです。一人で解決しようとしても、解決できない問題にぶち当たることがあります。そのときに助けてくれる人が必要なのです。

「決断力」とは、問題を解決するために、いくつかの選択肢の中から、一つを選ぶ力。そして、最後が、「行動力」です。どんなにアイデアがあっても、決断と、それに続く行動がなければ、人生で結果を出すことはできません。

以上の5つの力を高めて、「まさか」に備えましょう。

□ 12 友だちに助けてもらう

□ 13 父親と和解する

□ 14 まさか！に備える

☑ 15

運のコントロール法について学ぶ

□ 16 まわり道を楽しむ

□ 17 幸せについて考える

15

運は、人生を大きく変える

あなたは、運について、真剣に考えたことがありますか?

運がいい、悪いとは一般的にいいますが、あなたも、これまでの人生で、その両方を体験してきたと思います。

単に、ラッキーと感じることもあったでしょうし、なんて運が悪いんだと思うようなことにも出合ったかもしれません。

運には2種類あります。それは「宿命《しゅくめい》」と「運命」です。

あなたが、いまの両親のところに生まれ、どのような才能をもち、どう育ったのかということが「宿命」で、それは生まれる前から、あるいは生まれたときから決められているものなのです。それに対して、「運命」は自分で変えられる部分です。この部分は非常に少なくて、宿命が95パーセントくらいだとしたら、運命は5パーセント程度ではないかと思います。

人生を実際に変えられる人というのは、少数派です。自分では変えたいと考えながらも、結局は宿命に引っ張り戻されるのが大半です。

大きな宿命の流れというのは、少しの努力では変わりません。

ふだんやる気のない人が急に情熱的になって、活躍するようになるのは稀《まれ》です。また、運の悪い人が急に運がよくなるのもあまり見たことがありません。運のいい人はずっと運がいいし、運が悪い人は、ずっと運が悪いものです。

しかし、運はコントロール可能だと聞いたら、びっくりしますか？

私も、最初は信じませんでしたが、自分でいろいろやってみて、運を変えることは難しくても、やりようによっては、コントロールすることができると知りました。それには、運について学び、観察し、実践していくことです。

就職や起業で成功するかどうかも、究極的には、運で決まります。

自分の運を上手にコントロールする方法を学んでください。

15

変えられるものと、変えられないものを見極めること

何をやってもうまくいかないというとき、運命は結局変わらないものだと、あきらめるしかないのでしょうか。

たしかに人生を変えるのは難しいことです。でも、その状態を不幸せと捉えるか、幸せと考えるかは、自分次第です。

つまり、自分で変えられないものは、受け入れてしまえばいいのです。

「どうして、こんな家に生まれたのだ」と嘆《なげ》いても、いまから両親を取り換えることはできません。けれども、自分は、そういうめぐり合わせだったのだと100パーセント受け入れてしまえば、心が楽になります。

そして、そのうえで、変えられるものを変えていけばいいのです。前にも話

したように、人脈を変えれば人生のすべてが変わります。そういう自分でコントロール可能なことをやっていけばいいのです。

変えられないものを受け入れ、変えられるものは変えていく勇気をもつ。これが人生を幸せに生きるためのコツですが、もう一つ、大切なことがあります。

それは、変えられるものと、変えられないものを見分ける賢《かしこ》さを身につけることです。

人生のセンスの悪い人は、変えられないものをなんとか変えようとし、変えられるものについて、変えられないと信じて不運を嘆くのです。

たとえば、性格を変えたいと思っても、なかなか変えられるものではありません。おとなしい性格から、開放的な性格になろうとしても無理が出ます。もともと、おとなしい性格は、欠点でもなんでもないのです。それを受け入れたうえで、長所に変えればいいだけです。

逆に、変えられるものなのに、変えられないと思い込んでいるものも、案外、多いのです。たとえば、住むところはどうでしょう？

たいていの人は、引越しするのは無理だと思いがちです。いまの地域を離れられないと考えてしまうのですが、そんなことはないと思いませんか？

いったん就職すると、転職を考えるのが難しくなります。

どんなに合わない会社でも、なんとか合わせようと頑張ってしまうという人が、日本人には多いようです。状況を変えるより、自分を合わせようとするメカニズムが働くからです。

人生では、失恋したり、リストラされたり、というような、自分が望んでいないことが起きます。そういったときに、「どうして自分はこんなに運が悪いのか？」と思えば、運はますます悪くなるばかりです。

「どうせ、こんな運命なのだから、ダメだ」とあきらめないことです。

変えられないものもあるけれども、変えられるものもある。両者の違いをしっかりと見極めてください。そして、そこから、変えられるものを一つずつ変えていくことで、あなたの運は開けていきます。

15 ずっと上り調子の人もいなければ、ずっと下り調子の人もいない

運には波があります。

どんな人にも、上り調子のときもあれば、下り調子のときもあります。

そのどちらでもない、凪《なぎ》のような状態もあります。

いま現在が、凪のような状態だという人は、自分から何かを動かさないと、人生が停滞《ていたい》したままになる可能性があります。

いまの状態に不満のない人は、そのほうがいいと考えるかもしれません。しかし、あなたの人生がそのままの状態でいくというのは、時代が許さないと思います。

凪の状態は、人生のつかの間の休息ともいえるので、すぐに動かなければな

らないということではありませんが、ある程度、充電できたと思ったら、そろそろ動き出すタイミングかもしれません。

いまが上り調子だという人は、そのまま進んでいきましょう。ただ、ピークの近くに来ているときは、アクセルを踏みすぎないようにしてください。自分の実力以上に、運が味方をしてくれる時期というのはあるものです。そうしたときには、直感を信じて動いてください。

では、何をやっても調子が出ないときには、どうすればいいのか。

まずは、ずっと上り調子の人もいなければ、ずっと下り調子の人もいないということを思い出しましょう。

就職に失敗して、就職浪人したとしても、それは、神様から、次にやりたいことを見つけるための時間をもらったぐらいに考えるといいでしょう。

また、これまでの自分の人生の中で、いちばん運がよかったときのことを思い出すのも、いまの状態から脱出する有効な方法です。

たとえば子どもの頃でも、大学に入った頃でも構いません。留学したときや、恋愛でうまくいったときのことでも構いません。

あなたは何が好きで、何が得意だったのでしょうか。どんな人たちと一緒にいるのが楽しかったのでしょうか。

自分の中でその当時の自分を思い出すと、エネルギーがアップしてくるのがわかるはずです。

うまくいかないことが続くと、どうしても、心が縮《ちぢ》こまってしまいがちです。そうなると、どんなチャンスがやってきても、それに気づかずに、やり過ごしてしまうのです。

サンタクロースが大きなプレゼントをもって、玄関のチャイムを鳴らしているのに、どうせ何かの勧誘《かんゆう》だろうと思って、ドアも開けずに引きこもっているとしたら、もったいないと思いませんか。

運が悪いときには、それと同じような行動を取っていることが少なくありません。ツイているときを思い出して、運を呼び戻しましょう。

15

運に頼りすぎる人は幸せを逃《のが》す

「あの人は運がよかったのだ」

そう誰かに対して思いたいときがあります。

就職活動をしていても、どんどん内定をもらえる人もいれば、そうでない人もいます。自分よりも恵まれている人を見て、「運がいいからだ」と考えたい気持ちはわかりますが、それでは、その人の努力を無視しています。

運がいい人には、運がいい理由がある、ということを知っておきましょう。そうすれば、じつは自分の運が悪いわけではないことにも気づけるはずです。

拙著『強運を呼び込む51の法則』（大和書房刊）で、幸せと運について、次のように書きました。

「幸せと運は、似ているところがあります。

それは、あまりにもそれを強く願うと、取り逃がすことです。

幸せになりたい、運がよくなりたいと思うこと自体はいいことです。

しかし、あまり強く思いすぎると、かえって、『今は運が悪い』ということを無意識のうちに受け入れてしまうことにもなります。

『今は運が悪いので、よくなりたい』という思いの前半部分が潜在《せんざい》意識に深く入ってしまって、ますます運の悪い状況を引き寄せてしまうのです」

あの人は運がいいから、うまくいっていると考えるのは、「自分には運がない」と決めつけているようなものです。うまくいかないことを「運」のせいにしてしまうのは簡単ですが、それでは、運が好転《こうてん》することはありません。

運を上手に使うには、運に頼りすぎないことです。

自信をもって、「自分ならばできるはずだ」という実力を身につけると、そこに運がついてきます。

□ 13 父親と和解する

□ 14 まさか！に備える

□ 15 運のコントロール法について学ぶ

☑ 16 まわり道を楽しむ

□ 17 幸せについて考える

16

挫《ざ》折《せつ》は人間の器を大きくするチャンス！

就職・転職を考えるときに、最短の一本道で行こうとすると、その道はつまらなくなります。

たとえば、東京から京都に行くとき、新幹線に乗ったら、あっという間に、間違いなく到着することができます。

けれども、たとえばヒッチハイクをしながら行ったらどうなるでしょうか。あるいは在来線の各駅停車を乗り継いでいくということも可能かもしれません。その場合には、新幹線に乗ったら、決して見ることのなかった景色やドラマに出合うのではないでしょうか。

就職や人生についても、それと同じことがいえるようです。

大企業のトップになっている人たちに話を聞くと、20代、30代の頃には、いまとは違う業種にいたり、左遷《させん》させられていたりという経験をもっている人が少なくありません。会社のトップになるくらいだから、若いときから優秀でエリート社員だったのだろうと思いがちですが、案外、そうではないのです。

そのときには挫折感で打ちひしがれるようなことでも、あとになってみると、その後の人生のための貴重な経験になるということがあります。

左遷させられたことがきっかけで、仕事に対する考え方が変わったり、人生の転機になるものとの出合いがあったりという人もいれば、いろいろな職業を経験したことが、あとで役に立ったという人もいます。

そうして見ると、まわり道をした人ほど、人間の幅が広いように感じます。

できれば、まわり道なんかしないほうがいいと考えている人がいるかもしれませんが、じつは、人生ではどれだけ、クリエイティブなまわり道ができるかということが大事だったりもします。

16 人生では、速さより面白さを優先させよう

ちょっと想像してみてください。

大企業に入社して、エリートコースを一度もはずれることなく出世して社長になった人と、途中、左遷させられたり、違う業種に行ってみたり、あるいは海外で放浪《ほうろう》したあとに社長になった人がいたとしたら、あなたは、どちらに、人間的な魅力を感じますか。

人生は速さを競《きそ》うゲームではないのです。

全速力で走り抜けるより、途中の道で転んだり、歩いたり、誰かと会って立ち話をしたり、というほうが、どれだけ面白いかしれません。優秀な人ほど能率を考えてしまいますが、それでは、本当につまらない人生になります。

まわり道をする心の余裕があれば、何かアクシデントにあっても、焦る必要はありません。もちろん、その事態をなんとかしようと、一時的に慌てて頑張ることはあっても、それで「もう人生は終わりだ」というふうには考えなくて済みます。

まわり道を楽しめる人が、将来、大成《たいせい》できる人だと私は思います。また、大成しなくても、自分らしさを発揮して、幸せをつかむことができるでしょう。最短の道を最高の効率で行こうとすると、人生のすばらしいものを見落としてしまいます。途中のアクシデントを楽しむ余裕ももちたいものです。

自分が最終的に行きたい場所が見えていれば、急ぐ必要はないのです。たとえ目的地が見えていなくても、いまいる場所の面白さをエンジョイできる人は、きっと自分なりの幸せを見つけられるでしょう。

いいも悪いも、すべての道程《みちのり》が、あなたの人生です。どんなときも、心から楽しんでください。

16

採用試験に落ちても自分にダメ出ししない

就職したいと思っても、なかなか採用通知がもらえないということがあります。不景気な時代ですから、1社や2社なら断られてもしかたがないと思えても、10社、20社から立てつづけに不採用通知をもらうと、「自分はダメだ。社会に不必要な人間だ!」と落ち込んだりするかもしれません。

それも、人生の一時停止サインだと考えてはどうでしょうか。

「何をやってもうまくいかない」というような状況が続くと、気持ちが沈んで、目の前の現実を必要以上に悲観《ひかん》的に見てしまうものです。

試験の面接に行っても、「どうせ、ここも落ちるのだ」というふうに考えてしまいます。それでは、うまくいくものも、うまくいかなくなってしまいます。

だったら、その状況を楽しんでみるのです。

たとえば、面接をゲームにしてしまうのです。

今日は、赤いシャツを着て、面接に行ったらどうだろう？

それがダメなら、次は薄いピンクにしてみたら、どうだろう？

こんどの面接では、面接官を笑わせてみよう。そのためにはどうするか？

採用されるための戦略《せんりゃく》というより、面接を楽しむための戦略に変えてみるのです。実際に奇抜《きばつ》なことをしなくても、そういうことを考えただけで、気分がパッと晴れませんか？


何度も試験に落ちてしまうと、そのうちに、合格しさえすればどこでもいいという気持ちになります。どこかから採用の通知が来ても、進みたい道とは全然違うことに気づいて、また悩むことになります。

採用試験に落ちたくらいで、自分にダメ出ししないことです。

どうしてダメだったのかを、もう一度、よく考えてみるのです。

自分がダメだったのではなく、自分の髪型がダメだったのかもしれません。

声が小さかったのかもしれません。あなたの求めていることと、その会社が期待していることにズレがあったのかもしれません。

そうして、不採用になった本当の理由を、自分なりに分析《ぶんせき》してみるのです。

つまらないことで、あなたが損をしていることもあるかもしれません。

不採用になった理由が、自分にとっては変われない大切なことだったとしたら、それはむしろ、不採用になってよかったということもあります。「縁がなかっただけなんだ」と気軽に考えられれば、きっと、自分に合ったところが見つかるんだろうなという気分になります。恋愛と一緒ですが、何度か断られることがあっても、うまくいかなかったと気にしなくてもいいのです。

それよりも、たったそれだけのことであきらめないことが大切です。ひょっとしたら、あなたの器が大きすぎて、就職に合っていないのかもしれません。

「チャンスは、あきらめかけたときに、イタズラっぽい顔をして、隠れて待っているもの」だと、私は思っています。

16 やるだけやったら、あとは運の神様にまかせてしまう

まわり道を楽しめるように心がけようと思っても、なかなか、そんな気分になれないこともあると思います。

うまくいかないときほど、「もっと頑張らなければいけない」と考えて、それを楽しむどころか、自分をどんどん追い込んでしまったりしがちです。

たしかに、努力したり、頑張ったりしなければならないときはあります。情熱があればあるほど、それこそが楽しいということもあるでしょう。

けれども、あるところまで頑張ったら、あとは運の神様にまかせることも必要ではないかと私は思います。

頑張っても、頑張っても、自分にＯＫを出さない人がいます。

ほかの人から見れば、十分に頑張っているのに、「いまの頑張りなんて、たいしたことじゃない」と思って、自分にもっと鞭《むち》を打つのです。

でも、そんなことを続けていたら、いつかつぶれてしまうでしょう。

私は特定の信仰《しんこう》をもっているわけではありませんが、人生には、私たち人間ができることと、神様の領域《りょういき》とがあると思っています。

ビジネスの場面でも、もうダメだとみんながあきらめていた状況で、ある日突然、出資してくれる人や大きなクライアントが現れて、問題が一気に解決するということがあります。

もちろん、何もしないで、ただ神様を待っているのではダメでしょう。でも、やるだけやったら、あとは運の神様に決めてもらおうというぐらいに考えられると、少なくとも、自分を追い込まずに済みます。

まわり道を楽しむのも、神様にまかせるのも、心に余裕がなければできないことです。そして、仕事ではいかに心に余裕がもてるかが大切なのです。

14 まさか！に備える

15 運のコントロール法について学ぶ

16 まわり道を楽しむ

✓ 17 幸せについて考える

17 幸せは誰かからもらうものじゃない

仕事に忙しくしていると、何が大切なのかわからなくなることがあります。

気がついたら、仕事のための仕事に忙殺《ぼうさつ》されていたり、家族のために自分を犠牲にしていることに気づくかもしれません。

幸せを取り逃がしたくないなら、ふだんから、あなたにとって、仕事、妻や夫、子ども、両親、お金、健康の意味を考えておくことです。そうしないと、さっき言ったそれぞれに、自分の人生を振りまわされることになります。

たとえば、親子であることの意味を自分なりに整理しておかないと、必要以上に親に振りまわされることになります。

親というのは、あなたという存在を、この世界に送り出してくれた存在です。

両親を大事にすることはすばらしいことですが、親の価値観に沿《そ》うように自分を殺して生きていたとしたら、あなたの幸せはなくなってしまいます。

同じように、あなたの妻や夫、パートナーは、あなたの人生を一緒につくってくれる仲間ではありますが、あなたの人生を支配する権利はありません。

そして、あなたのことを幸せにする力もありません。

あなたの子どもも、あなたに喜びをもたらしてくれます。だから、幸せの要素になることはあっても、あなたのことを幸せにする力はありません。

こうしたことがわかっていないと、あなたの人生は、親やパートナー、子どもに振りまわされ、仕事に振りまわされ、お金に振りまわされ、会社に振りまわされることになります。

幸せとは、自分を１００パーセント受け入れられたときにやってくる安心感です。自分が自分であることにＯＫを出せれば、お金の有る無しは小さなことです。社会的に成功しているかどうか、尊敬される存在であるかどうかということも関係ありません。自分という存在に誇りがもてる人は、自分がいまいる場所に満足できるからです。

結婚したら、パートナーが自分を幸せにしてくれると信じている人は多いかもしれませんが、実際には、そうならないことが、すぐにわかります。

パートナーがいるほうが、不幸になるということではありません。

パートナーは、あなたに「幸せ」ではなく、「幸せの意味を考えるきっかけ」を与えてくれる存在です。一緒にいることで、自分は何者なのかということを、思い知らされる存在といってもいいでしょう。つき合って、数年もたつと、自分の最高と最低の部分を鏡として映してくれるのです。

自分の弱みにも強みにも直面して、そのうえでどう生きていくのか。何のために生きていくのか。どんな人たちと生きていくのか。

それを仕事や恋愛、結婚を通して確認していくのが、生きていくということではないでしょうか。

幸せとは、獲得《かくとく》するものではなく、ふとしたときに気づくものなのです。

17
迷ったら、ちょっと怖いほうを選ぶ

自分を幸せにするものが、いつも楽しいものだとは限りません。

じつは、あなたが本当にやりたいこと、好きなことは、あなたがいままで避けていたことの中にあったりするのです。

あなたがいちばん怖いこと。そこにライフワークの種が隠されていることがよくあります。怖いのは、もしも、その活動をスタートしたら、止められないということを無意識のうちに感じているからかもしれません。

本当に好きなことだからこそ、それで失敗したくないと思うあまりに、始めるのが怖いということもあります。

でも、どんなに逃げまわっていても、いつか、自分の大好きなことをやるかどうかを選択するタイミングはやってきます。

怖いと思うことがあったら、むしろ、それにチャレンジしてみることです。やらないと、30代、40代で後悔することになります。

それをやるかやらないか、何を優先するべきかを、他人に聞くのは、おかしなことです。「父親に言われたから」「先生に言われたから」「上司に言われたから」と言っているうちは、大人になることができません。

何をすると、あなたはワクワクして、幸せを感じられるのでしょう。

その延長線上に、就職や転職を考えなければ、人生で何をやっているのか、わからなくなります。いま、私の話す言葉を忘れたとしても、数年のうちには、あなたの心の奥がザワザワして、急に思い出すときがやってきます。

そのときは、自分の「やってみよう」という直感を信じること。

ちょっと怖いなぁと思うことにチャレンジしてみることが大切です。そこから、面白い人生がスタートします。

17 群《む》れから離れて生きる勇気をもとう

就職・転職する前に、自分にとって仕事とは何か、お金とは何か、幸せとは何かをしっかり考えておかないと、大多数の人が選ぶ生き方しかできなくなります。大多数の人の生き方とは、不自由人の生き方です。

経済的自由がなく、住む場所、働く場所や形態も制限され、みんなと違うことをするのは許されない世界——それが不自由人の世界です。

もちろん、そういう世界の住人でいいのだという人もいます。自由がない分、リスクもあまりないように見えるのです。けれども、この本を手に取ったあなたは、何も考えずに、普通に生きることは、難しくなったかもしれません。すべては、自分の選択だということに気づいたからです。

いまはピンと来ていないとしても、ある朝、目が覚めます。

「自分は、何のために生きているのだろう」

これほど、ショックなこともなかなかありません。

それまで群れの中で何も考えずに生きていたシマウマが、自分に目覚めるようなものだからです。

シマウマは、群れの中で安心して生きていたのです。そこにライオンが襲《おそ》いかかってきます。さあ、みんなが一斉《いっせい》に逃げるという、そのとき、「自分はどうして群れで生きているのだろう」と考えてしまうのです。

自分はどう生きていきたいのか。会社という群れの中で生きる前に、それを考えておきましょう。

群れの中でしか生きられないタイプもいれば、群れの中では生きられないタイプもいます。自分がどちらのタイプかを、知っておくことです。

「自分は群れでは生きられないタイプかもしれない」と感じたら、いずれ群れから出る準備をしておくことです。

群れの中で生きていくと決めたなら、群れのルールを知る必要があります。そして、群れの中で、上手に生きるスキルを身につけましょう。群れの中で生きたとしても、自分のやりたいことを実現することはできます。企業でしかできないことはたくさんあるからです。それぞれのメリット、デメリットも、考えておきましょう。

あなたには、無限の可能性があります。ありがたいことに、日本には、職業選択の自由が、基本的人権として保障されています。それを100パーセント生かすのか、パスするのかは、あなた次第です。

仕事は、あなたの人生をつくります。

人生のノリから、ファッション、性格までも変えてしまいます。くれぐれも、あなたにいちばん合った仕事を選んでください。

あなたらしい、最高の人生を生きてください。

よい航海《こうかい》を！

おわりに

仕事は人生を楽しくするためにある

最後まで、本書『就職する前にしておきたい17のこと』を読んでいただき、ありがとうございました。いま、一冊書き終わって、皆さんと、人生について、仕事について、夜を徹《てっ》して語り明かしたような気持ちがしています。

最後まで読み終えたあなたは、就職や仕事に関して、ちょっと違う視点から、いろいろ考えはじめたのではないでしょうか？

私自身は、じつは一度も企業に就職することなく、いま現在に至っています。とりあえず就職して、そこから考えるという方法もあったと思いますが、私はあえて、最初から人とは違う生き方を選びました。いま、考えると、どこかに就職して、いろんなことを体験するのもよかったかなぁと思います。

あなたは、あなたの道をぜひ探してください。

自分にとって、何がしっくりくるのか、幸せを感じる生き方とは何か。

その答えを見つけるヒントを本書から得ていただけたら、著者としてうれしく思います。

この本は、『20代にしておきたい17のこと』から始まったシリーズの一冊として刊行するものです。このシリーズは、たくさんの方々に読んでいただけたので、もしかしたら、その中のどれかを、あなたもすでに読んでくださっているかもしれません。著者として、本当にありがたいことだと感謝しています。

これから、まわり道になることもあるかもしれませんが、きっと、あなたにとってベストな仕事が見つかり、充実感と豊かさに恵まれると思います。

人生は、どんな人にとっても、うまくいくようにできています。私はそれを信じています。

あなたにとっての最高の就職・転職ができますように。

2012年4月　本田　健

本田 健（ほんだ・けん）

神戸生まれ。経営コンサルティング会社、ベンチャーキャピタル会社など、複数の会社を経営する「お金の専門家」。独自の経営アドバイスで、いままでに多くのベンチャービジネスの成功者を育ててきた。育児セミリタイア中に書いた小冊子「幸せな小金持ちへの8つのステップ」は、世界中130万人を超える人々に読まれている。『ユダヤ人大富豪の教え』をはじめとする著書はすべてベストセラーで、その部数は累計で490万部を突破し、世界中の言語に翻訳されつつある。
本田健公式サイト
http://www.aiueoffice.com/

だいわ文庫

就職《しゅうしょく》する前《まえ》にしておきたい17のこと

著者　本田《ほんだ》 健《けん》

二〇一二年四月一五日第一刷発行

発行者　佐藤 靖
発行所　大和《だいわ》書房
東京都文京区関口一－三三－四 〒一一二－〇〇一四
電話 〇三－三二〇三－四五一一
振替 〇〇一六〇－九－六四二二七

装幀者　鈴木成一デザイン室
本文デザイン　椿屋事務所
編集協力　ウーマンウエーブ
本文印刷　シナノ
カバー印刷　山一印刷
製本　ナショナル製本

ISBN978-4-479-30378-7
乱丁本・落丁本はお取り替えいたします。
http://www.daiwashobo.co.jp

だいわ文庫の好評既刊

＊印は書き下ろし

＊本田健
20代にしておきたい17のこと
『ユダヤ人大富豪の教え』の著者が教える、20代にしておきたい大切なこと。これからの人生を豊かに、幸せに生きるための指南書。
600円
8-6 G

＊本田健
30代にしておきたい17のこと
30代は人生を変えるラストチャンス！ ベストセラー『ユダヤ人大富豪の教え』の著者が教える、30代にしておきたい17のこととは。
600円
8-8 G

＊本田健
10代にしておきたい17のこと
人生の原点は10代にある！ 20代、30代、40代の人にも読んでほしい、人生にもっとも必要な17のこと。
600円
8-9 G

＊本田健
40代にしておきたい17のこと
40代は後半の人生の、フレッシュ・スタートを切れる10年です。『20代にしておきたい17のこと』シリーズの4弾目。
600円
8-11 G

＊本田健
20代にしておきたい17のこと〈恋愛編〉
男女ともに20代で一番悩むのが「恋愛」のこと。ベストセラー作家が教える、後悔しない「恋愛」の17のルールとは。
600円
8-12 D

＊本田健
50代にしておきたい17のこと
人生の後半戦は、50代をどう過ごすのかで決まる。進んできた道を後悔することなく、第二の人生を謳歌するためにしておきたいこと。
600円
8-13 G

定価は税込み（5%）です。定価は変更することがあります。